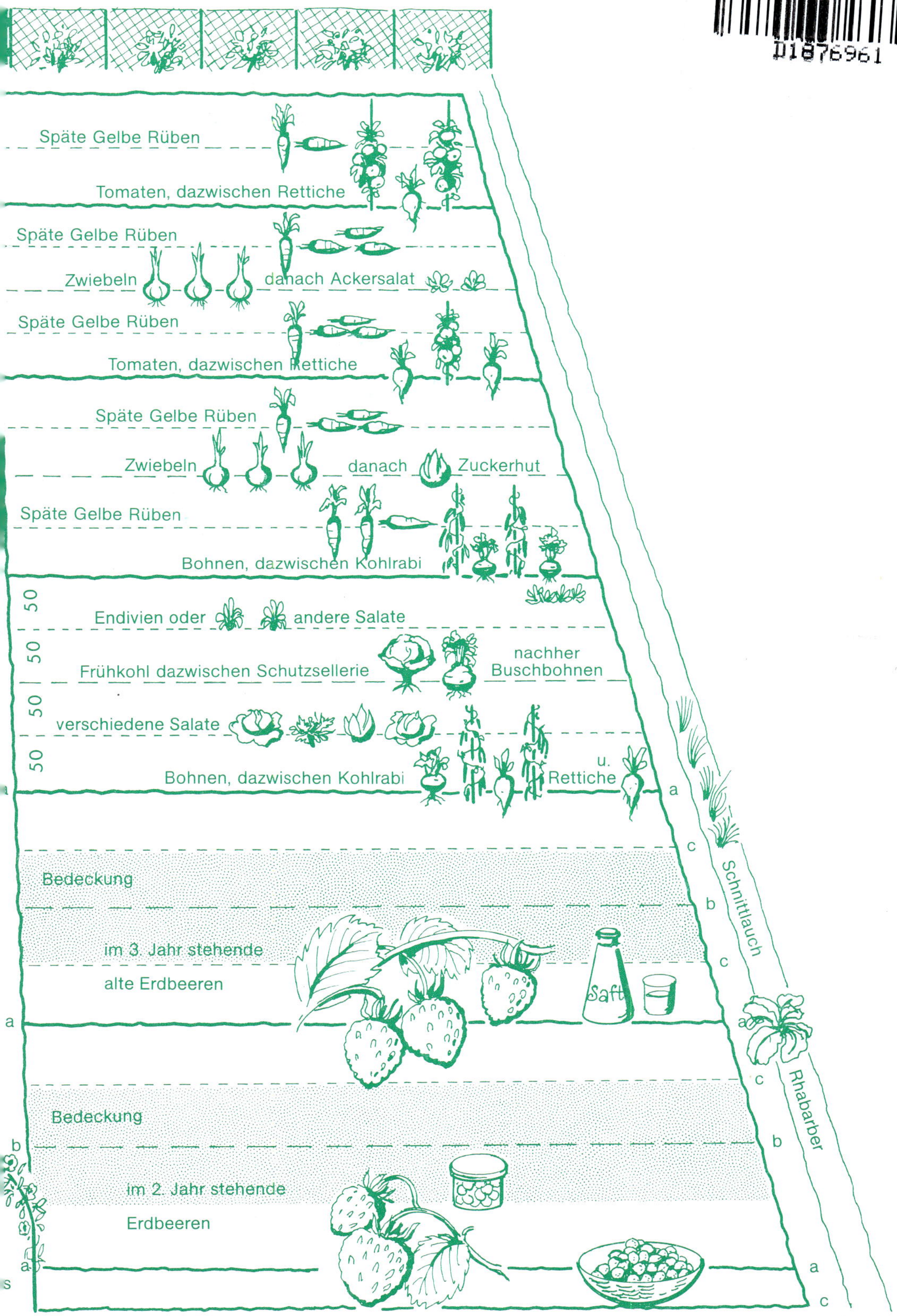
Späte Gelbe Rüben
Tomaten, dazwischen Rettiche
Späte Gelbe Rüben
Zwiebeln
danach Ackersalat
Späte Gelbe Rüben
Tomaten, dazwischen Rettiche
Späte Gelbe Rüben
Zwiebeln
danach
Zuckerhut
Späte Gelbe Rüben
Bohnen, dazwischen Kohlrabi
50
Endivien oder
andere Salate
50
Frühkohl dazwischen Schutzsellerie
nachher
Buschbohnen
50
verschiedene Salate
50
Bohnen, dazwischen Kohlrabi
u.
Rettiche
a
c
Schnittlauch
Bedeckung
b
im 3. Jahr stehende
alte Erdbeeren
Saft
c
a
a
c
Rhabarber
Bedeckung
b
b
im 2. Jahr stehende
Erdbeeren
a
a
c

Gesunder Garten durch Mischkultur

Gertrud Franck

Gesunder Garten durch Mischkultur

Gemüse, Blumen, Kräuter
Obst

Südwest

Meinen Kindern und Enkeln

Ich habe keine Lehre.
Ich zeige nur etwas.
Ich zeige Wirklichkeit, ich zeige
etwas an der Wirklichkeit,
was nicht oder zuwenig gesehen worden ist.
Ich nehme ihn, der mir zuhört, an der Hand
und führ' ihn zum Fenster.
Ich stoße das Fenster auf
und zeige hinaus.

Martin Buber

Foto gegenüber Titelseite:
Szene mit Stauden vor Gehölzen. Weißer Speik (Achillea clavenae), Königskerzen und leuchtendrote Indianernessel (Monarda) zusammen mit blauem Rittersporn.

8. völlig überarbeitete und erweiterte Neuauflage 1991

Umschlaggestaltung: Design Team, München
Sämtliche Fotos von Hannfried Franck im Garten Gertrud Franck
Redaktion: Georg E. Siebeneicher
Satz: OK Satz GmbH, Gröbenzell
Druck und Bindung: Uhl, Radolfzell

ISBN 3-517-012 61-0

Inhaltsverzeichnis

Wie die Mischkultur entwickelt wurde

Die im folgenden in Wort und Bild dargestellte Anbaumethode beruht auf Beobachtungen und Erfahrungen, die in nunmehr dreißigjähriger Praxis gewonnen wurden.

Ausgangspunkt waren zunächst unerklärbare Beobachtungen. Sie wiederholten sich jahraus, jahrein und brachten schließlich die Gewißheit, daß bestimmte Pflanzen in bestimmten Nachbarschaftsverbänden immer besser und in anderen Nachbarschaftsverbänden immer schlechter gediehen. Daraufhin wurde systematisch experimentiert, Fragen der Bodenpflege kamen hinzu.

Hauptaufgabe des Gartens war es, eine große Familie und zahlreiche Hausgenossen und Tiere gesund zu ernähren. Daraus ergaben sich Überlegungen, wie wir den Garten nicht nur frei von Krankheiten und Schädlingen bewirtschaften könnten, sondern wie er darüber hinaus als Gesundungsquelle dienen könne. Als unerwartet, aber deutlich wahrnehmbar ergab sich, daß Gartenkräuter eine gesunde Nahrungsergänzung bilden und zugleich den gesunden Aufwuchs der Gemüsepflanzen fördern.

Grundgedanken und Grundsätze

Diese im Lauf der Zeit gesammelten Einsichten, vielfach kontrolliert und verglichen mit den biologischen Abläufen in einer ungestörten Natur, waren nun in ein gartenbauliches System einzubringen: Die beobachteten gegenseitigen Beziehungen von Pflanzen untereinander und der gewünschte Ablauf der Auf- und Abbauphase über und unter dem Boden mußten erprobt und ausgearbeitet werden.

Als machbar erwiesen hat sich nun in langen Jahren der Mischkulturengarten in der hier dargestellten Form, mit der dazugehörigen Bodenpflege durch Bodenbedeckung und Flächenkompost sowie durch zweckentsprechende Voraus-, Nach- und Nebensaat geeigneter kurzlebiger Pflanzen. Hier wurde die Natur, die keinen unbesiedelten, leeren Boden duldet, nachgeahmt.

Zugleich leistet diese Methode heute interessante Beiträge zur Energieeinsparung: Fremdstoffe, die zur Herstellung und zum Transport Energie beanspruchen, brauchen nicht in den Garten hereingeholt zu werden. Der Mischkulturengarten , wie er hier beschrieben wird, lebt aus seinen eigenen Quellen.

Das Wort »biologischer Gartenbau« ist bekannt und in aller Munde; besonders bei Menschen, die sich mit Fragen der Landwirtschaft und des Gartenbaues und gesunder Ernährung beschäftigen. Das Wort ist zwar ungenau, doch der Begriff wohl für alle Leser klar.

Als »biologisch« gilt in der Regel ein Gartenbau, der ohne Giftmittel arbeitet: ohne Giftmittel zur Bekämpfung von Schädlingen, Krankheiten und Unkraut. Und selbstverständlich auch ohne synthetische Düngemittel, um Belastungen jeder Art zu vermeiden.

Das alles hieße aber noch nicht, die bisher übliche Bodenpflege zu ändern; das Bodenwenden und Untergraben des Düngers aufzugeben und grundsätzlich von der beetweisen Kultur abzugehen. Damit verbunden ist üblicherweise eine verschieden starke, spezifische Düngung, die sich nur nach den Ansprüchen des auf dem Beet stehenden, einheitlichen Pflanzenbestandes des jeweiligen Jahres richtet. Durch eine solche Düngung mit Mineraldüngern kann die stetige und gleichmäßige Versorgung des Bodenlebens gestört werden.

So nützt man im biologischen Gartenbau – obwohl man kein Gift verwendet – längst nicht alle Möglichkeiten, naturreine, vollwertige Nahrungsmittel zu erzeugen. Wir Gärtner inmitten unserer gefährdeten Umwelt stehen nun vor der Frage, in welchem Umfang wir in unseren Gärten im positiven oder negativen Sinn tätig werden. Hier können wir durch unsere Arbeit direkt antworten.

In einem umweltfreundlich bewirtschafteten Garten müssen wir uns genau wie im Gemüseteil auch beim Obst grundlegend neu orientieren. Darüber hinaus werden wir wohl alle anstreben, daß sich unsere Gärten in vielfältiger Schönheit, in Ordnung und Harmonie zeigen und durch Farbenpracht und Düfte zur Quelle der Stärkung und Freude werden.

Der Garten ist belebt durch eine Tierwelt, die hier nach den Gesetzen der Natur leben kann; alle Lebewesen werden mehr oder weniger zu »Nützlingen«, denn wir kennen ihre Lebensbedingungen und achten sie; selbst die »Schädlinge« nützen insoweit, als sie uns darauf hinweisen, was wir versäumt oder falsch gemacht haben.

Bei den Überlegungen für einen biologisch einwandfreien Gartenbau kommen nun weitere Aufgaben auf den Gärtner zu, die er zu bedenken und zu lösen hat. An umweltschädlicher Abfallablagerung, an der Verschmutzung von Luft und Wasser ist er zwar nicht beteiligt; darüber hinaus aber sollte er sich als Gartenbesitzer in all diesen Fragen mitverantwortlich fühlen. Er wird zum Beispiel alle Abfälle des Gartens und möglichst auch des Hauses selbst beseitigen, indem er sie verwertet und durch sie den Boden ohne Zufuhr von außen fruchtbar hält.

Daß Schädlinge und Pflanzenkrankheiten nicht einfach mit Hilfe der Chemie bekämpft werden, sondern Kulturfehler anzeigen, gehört zu seinen Grundgedanken. Der Garten selbst mit seinem Pflanzen- und Tierleben, mit seiner Mikroflora und Mikrofauna, sorgt für Ausgleich, soweit er dazu Gelegenheit bekommt. Bekämpfungsmittel bedeuten zudem Energieverschwendung und unnötige Umweltbelastung. Durch diese Art des vorbeugenden Pflanzenschutzes hinterläßt der biologisch arbeitende Gärtner auch kein verunreinigtes Wasser. Durch seine besonderen Kulturverfahren spart er im übrigen Wasser, anstatt es zu verschwenden.

Was er an weiteren Hilfsmitteln für seinen Garten kaufen muß, ist minimal. Allein durch den Pflanzenwuchs, also durch Nutzung der Sonnenenergie, schafft er auf einem Boden, in dem die pflanzliche und tierische Kleinlebewelt aktiv tätig ist, immer wieder die Wachstumsvoraussetzungen für die höheren Pflanzen. Zugleich sorgt er für einen gesunden Kreislauf zwischen Boden und Pflanzen, indem er alles im Garten Gewachsene zum Boden zurückführt, auf diese Weise wirksam düngt und gesunden Aufwuchs begünstigt. Er wird hohe Erträge erzielen und auch künftig gesicherte Ernten erwarten können.

Zweierlei wird notwendig sein: das Lernen, in Zusammenhängen zu denken und die Aneignung von nüchternem, zuverlässigem Wissen.

Der Mischkulturen- und Wildgarten im Jahreslauf

Vorbild Natur

Dieser Garten hat als Vorbild die Natur, die ungeschädigte und unverdorbene Natur. Sie wurde zum gültigen Lehrbuch. Was lehrt uns die Natur? Sie zeigt eine vielfältige Gemeinschaft von Pflanzen – in Wald, Feld und Wiese. Alle Pflanzen leben miteinander und voneinander. Jede Pflanzengemeinschaft steht in Wechselwirkung mit ihrer Umwelt und ist nicht austauschbar.
Der Pflanzenwuchs ist vielfältig. Er besteht aus den Kulturpflanzen, aus Heilkräutern, aus sonstigen Wildkräutern aller Art. Er besteht aber auch in Gemeinschaft mit größeren und kleineren Tieren, die am selben Standort leben, ihre Ausscheidungen dort hinterlassen, auch dort vergehen und mit ihren verwesenden Körpern das Bodenleben erhalten und den Pflanzen Nahrung geben.
Nirgends sind in der Natur Monokulturen anzutreffen, nirgends findet sich unbewachsener oder unbedeckter Boden. Die Natur zeigt auch, wie Umwandlungsprozesse ablaufen, wie die Stoffe verrotten und sich zersetzen.

Was ohne unser Zutun wächst

Der Naturteil wurde bewußt gepflegt und erhalten. Dort stehen auch abgestorbene Bäume, dicht bei dicht mit Spechtlöchern besetzt – Plätze zum Brüten, zum Überwintern und als Futterstellen. Die hohen Bäume und Sträucher tragen bald Vogelnester, die Vögel legen ihre Eier, ihre Jungen werden hörbar und sichtbar, die Vogeleltern picken überall, wo immer sie Futter finden, bringen sie es ihren Jungen, beispielsweise die Kerne von letzten trockenen Hagebutten. Die Säuberungskolonne arbeitet, sie holt Eier und Insektenlarven, die ausgewachsen zu Schädlingen werden könnten. Überall wird gepickt, ausgedünnt, aber nirgends entsteht ein Kahlschlag. Auch vielerlei Büsche und Sträucher stehen in diesem Naturschutzraum und darum herum: Arten, die nicht gepflanzt wurden, wie Holunder, Haselnuß, Weide, wilde Rosen, Schlehen. Sie schaffen ein besonderes Kleinklima, und sie dienen der Aufzucht, Ernährung, Gesunderhaltung aller Lebewesen, die dort ihre Heimat haben. Hier also wird »der Natur ihr freier Lauf gelassen«.
Von diesen Stellen fliegen die Libellen, die Maikäfer und Leuchtkäfer (Glühwürmchen) aus. Dort finden Spinnen Platz für ihr Gewebe, in denen sich Insekten verfangen.
Die unterste Stufe, also der Bodenwuchs, bietet den Bodentieren die beschattete Umwelt. Woraus besteht er an diesen Wildstellen, wo alles ungestört wachsen darf? Dort findet sich alles, was auf einem alten Waldboden und unter Bäumen und Büschen zu Hause ist. Neben Brennesseln, die für den Garten in vielerlei Weise verwendet werden und denen man später im Jahr mit das gesunde Gemüse und Beerenobst verdankt, kommen echte Goldnessel, Lungenkraut und Anemonen. Hier stehen Scharbockskraut, Gundelrebe, Pfennigkraut, an anderen Stellen Günsel, Lerchensporn in großen Mengen, von hellen bis dunklen Spielarten.

Linke Seite oben: Schöllkraut wird als Heilkraut geschätzt. Der Saft ist orangefarben und wirkt ätzend.

Unten links: Wildstellen, in die kleine Wiese übergehend. Hier: Günsel (Ajuga reptans) in Gemeinschaft mit Wiesenschaumkraut (Cardinium pratensis). Beide lieben feuchte Wiesenstellen.

Unten rechts: Schachbrettblume, geschützte Pflanze – hier vor Jahren an lichter Stelle gepflanzt, hat sie sich zu vielen Horsten vermehrt.

Einen Schritt heraus aus der Mulde kann unser Fuß in eine kleine Wiese von Blaustern *(Scilla)* treten; daneben wachsen Sauerklee, zwei Arten Ehrenpreis *(Veronica)*, rote und weiße Taubnessel. Auf diesem alten Waldboden, wo im Herbst niemand auf den Gedanken kommt, das darüber liegende Herbstlaub abzurechen, erweitern sich alljährlich diese Stellen von selbst. Auch der Aronstab siedelt sich am Rand eines lockeren Gebüsches an. Von der Ausbildung seines Fruchtstandes werden seit alters her Erntevoraussagen abgeleitet. Wer noch etwas von ihm weiß, läßt sich gern zu allerlei Prophezeiungen verführen.

Einen Schritt weiter, und wir stehen in Horsten von Schneeglöckchen, allmählich eingebettet in Efeu, der sich ungestört ausgebreitet hat, von niemand geleitet oder gar herangeholt. Daß dort ein schmales Rinnsal Wasser läuft, ist besonders schön und gibt die beste Nachbarschaft für weiße und gelbe Anemonen – für immer reichlicher aufkommende Schachbrettblumen und Hahnenfußgewächse vieler Arten.

Dies alles ist herangewachsen, ehe die eigentliche Gartenarbeit beginnt, und wächst dann weiter als Auftakt zur beginnenden Gartensymphonie. Dieser Beginn ist die erste Phase in dem Plan, der in drei Kreisen die sich überschneidenden Phasen eines Gartenablaufes darstellt (siehe Seiten 34/35).

Der Boden liegt nie offen – die Natur selber überzieht ihn mit schützenden, rankenden, kriechenden, ausdauernden niederen Pflanzen, unter denen sich ein reges Leben kleiner und kleinster Tiere abspielt. Unter dieser Decke geborgen liegen reife Samen, die dort im Dunkeln die Frostperiode überstehen und dann »zu ihrer Zeit« keimen. Wir finden es schon beim moosbewachsenen Stein oder Baumstumpf: Wie greifbar nah zeigt sich dies am frühen Morgen im Tau eines neuen Tages, wenn das Moos zu Stückchen zerhackt vor uns liegt – ein abgeräumter Frühstückstisch der Amsel. Unter unbeschädigter Bewachsung daneben finden sich Würmchen, Raupen, Käfer. Am nächsten Morgen schon sind sie von einem Vogel als für ihn notwendige und aufbauende Nahrung herausgeholt worden.

An anderen Stellen stehen Krokusse – irgendwann im Kulturteil des Gartens als Zwiebeln gelegt und später von Ameisen als Samen von blühenden Krokussen hierher verschleppt; die an den Ameisen hängengebliebenen Samen sind abgefallen und haben an der für diese Pflanzen geeigneten Stelle gekeimt. Wo also Krokusse blühen, findet man gelegentlich von Vögeln zerhackte Blüten. Nicht Wassermangel läßt die Vögel hacken, sondern sie brauchen die winzigen Gifttröpfchen als homöopathische Dosen für ihre Gesundheit und als Aufbaustoffe für ihre Eier.

Ist ein solcher Garten schon weiter gediehen, ließ der Gärtner der Natur »ihren Willen und Lauf«, so finden Vögel auf ihrer Suche noch viele andere Pflanzen, die diese begehrten, aufbauenden Stoffe enthalten. Es sind tausend Quellen vorhanden, und es sollte keine wissentlich verschüttet werden. Eine einzige Anwendung von Giften würde den Kreislauf unterbrechen, und der Traum eines sich aus einem Wildgarten entwickelnden Naturgartens wäre für Jahre ausgeträumt.

Das Leben, das sich im Bereich der hohen und niederen Pflanzen – unter ihnen, durch sie, auf ihnen – abspielt, ist unermeßlich reich. Nur Weniges kann der Mensch, der beobachtend durch den Garten geht, erkennen; er findet Losungen, Trittspuren, Zeugnisse von nächtlichen Kämpfen und Tragödien. Das meiste kann er nur erahnen. Er wird sehr dankbar sein, daß er im »biologischen Denken« so weit gekommen ist, die Notwendigkeit ökologisch richtigen Verhaltens einzusehen.

Alle diese Beobachtungen führten zu neuem Denken und letztlich zu dem Gartenbau, der sich als »vollbiologischer Garten« seit langem bewährt. Alle diese Vorgänge, die in der Natur deutlich sichtbar sind, wurden nachvollzogen, in den Garten übertragen und mit einfacher, praktischer Anleitung verbunden. In den folgenden Kapiteln wird dieser »Mischkulturengarten« dargestellt.

Probleme in der Ernährung von Mensch und

Tier gaben einstmals den Anstoß, einen biologischen Gartenbau zu verwirklichen. Die Auswertung all dieser Beobachtungen und viele Versuche in langen Jahren führten zu einem System und einer Ordnung, die in jedem Garten leicht durchführbar sind.
Die Pflanzen wurden so zusammengestellt, daß sich die Nachbarschaft für die jeweiligen Partnerpflanzen positiv auswirken muß, sie zeigen sich als gute und schützende Nachbarn, als Schädlings- und Krankheitsabwehrer. So fragen wir heute nicht mehr: Welches Mittel gegen welche Krankheit? Welches Mittel zur Bekämpfung dieser oder jener Schädlinge? Die Frage lautet bei unserer Mischkulturenmethode: Welche Pflanze wird sich in welcher Nachbarschaft wohl fühlen? In welcher Nachbarschaft können ihre Schädlinge abgewehrt und ihre Krankheiten verhindert werden? Die Nachbarschaften sind also mit Überlegung zu wählen: positive sind zu verwirklichen, negative zu vermeiden.

Praxis der Reihenkultur

Konkret werden positive Pflanzengemeinschaften in dem entsprechenden Absatz dargestellt und die wichtigsten Fragen der Wuchsformen und Wachstumszeiten berücksichtigt. So durchgeführt wird die Mischkultur zugleich eine äußerst einfache, mühelose und zudem kostenlose Pflanzenschutzmaßnahme.
Damit diese notwendige Mischung der Kulturen möglich ist, gehen wir bewußt weg von der beetweisen Monokultur und hin zur Reihenkultur, damit im richtigen Abstand auch die richtigen Pflanzen stehen können. So wichtig wie die oberflächige »Beeinflussung« der Pflanzen untereinander ist – etwa durch Duftstoffe, die auch von uns wahrnehmbar sind –, so wichtig ist die für uns unsichtbare, aber wesentliche Beeinflussung der Pflanzen untereinander auch im Wurzelbereich: durch Ausscheidungen, durch jeweils andere Beanspruchung von Nährstoffen und durch spezifische Bakterien, durch Verwertung der sichtbaren und unsichtbaren Rückstände, die jede Pflanze im Boden hinterläßt. Bei unserer Reihenkultur gibt es also neben dem Wechsel der Pflanzen über dem Boden auch den Wechsel unter dem Boden – im Bereich der Mikrolebewesen. Der Mischkulturengarten trägt nicht nur dieser Mischung mit ihren besonderen Auswirkungen über dem Boden Rechnung, sondern vor allem auch dem Anspruch der Pflanzen an den Boden. Damit dem Boden die verschiedensten Wurzelrückstände zugeführt werden können, damit Verrottungsmaterial und Nährstoffe während des ganzen Jahres auf dem Boden und im Boden vorhanden sind, sorgen wir dafür, daß der Garten auch das ganze Jahr über bewachsen und bestellt ist.
Die Reihenabstände müssen deshalb groß genug sein, damit sich dort während des ganzen Jahres Oberflächenkompost befinden kann (siehe Seite 46). Alles, was an geeignetem Material aus dem Garten kommt, wird als Bedeckung aufgebraucht und wird zu Mulchkompost, alles bleibt also im Garten und wird wiederverwertet. So ist für die laufende Ernährung der Pflanzen gesorgt, und Düngung heißt nun: pflegender, erhaltender, fördernder Aufbau eines humusreichen Bodens, erreicht durch ganzjährige Mischkultur mit der entsprechenden, arbeitssparenden Humusversorgung.
Auch in der kalten Jahreszeit stehen noch Pflanzen zur Ernte bereit; manche wachsen noch weiter und es ist die Aussaat von Arten möglich, deren Samen im Boden zum Keimen und Wachsen auf das Frühjahr warten. Doch wollen wir hier in der Beschreibung mit dem Frühjahr beginnen.

Frühling und Frühsommer

Was geschieht nun im ersten Frühjahr, wenn man den Mischkulturengarten als Ziel im Auge hat? Im zeitigen Frühjahr – je nach Klimalage und Bodenbeschaffenheit zu einem anderen Zeitpunkt, aber immer erst dann, wenn man den Boden betreten kann, ohne

Oben: Beginn der Gartenarbeit im Gemüseteil. Der rasch keimende Spinat im Reihenabstand von 50 cm ist schon eingesät. Doppelaufgabe des Spinats zu diesem Zeitpunkt: Lieferung frühen Erntegutes, Schutz und Schatten für die später dazwischenstehenden Hauptkulturen. In den Spinatreihen sind noch die Schnüre gespannt. Zwischen den Reihen: Ausbringung des Saatgutes von frühesten Freilandsorten. Dabei Mischkulturengemeinschaften beachten – siehe Plan!

Links: Der Spinat ist gewachsen. Frühe Kulturen von Möhren, Zwiebeln, Salat, Radieschen und frühen Erbsen (noch keine Markerbsen!) sind aufgegangen. Die übrigen Reihen wurden breitwürfig mit Senf eingesät.

Oben: Es ist noch Tulpenzeit, Sträucher und Stauden schlagen aus. Deutlich sichtbar: aufgegangene Spinateinsaat. In den Zwischenräumen sind frühe Saaten aufgegangen: Karotten, Zwiebeln, Salate, frühe Erbsen. In den noch nicht mit einer Hauptkultur bestellten Reihen ist als Vorfrucht Senf oder Ackerbohne eingesät.

Rechts: In einer C-Reihe (blau) ist ein Frühsalat aufgegangen. Noch unbestellte Reihen sind mit Senf oder (rechts) dem Stickstoffsammler Ackerbohne eingesät.

schmutzige Schuhe zu bekommen – beginnt der Anbau. Er endet von da an das ganze Jahr nicht mehr.

Spinateinsaat

Wir säen im Frühjahr in 50 cm Reihenabstand auf dem ganzen Gartenland Spinat aus, ohne Trittwege zu lassen. Sobald der Spinat aufgeht, ziehen wir zwischen den Reihen mit einer flachen Hacke durch, um das erste etwa keimende Unkraut zu erfassen. Diese frühe Spinateinsaat dient mehreren Zwecken. Zuerst dient sie als früh sichtbare Einteilung, sie liefert klare Linien, wie ein Linienblatt. Diese Reihen ergeben die Einteilung für das ganze Jahr. Die üblichen Wege zwischen den einzelnen Beeten fallen weg. Trotzdem bleibt bei dieser Art des Anbaus genügend Platz zum Gehen. Siehe auch: »Mischkultur auf Beeten.« Zunächst ist mit der Spinatsaat der ganze Garten eingesät. Dadurch wird der Boden allmählich durchwurzelt, und jede Gefahr der Abschwemmung von Bodenteilen sowie der Verkrustung ist ausgeschaltet. Der Reihenabstand von 50 cm hat sich bewährt; es reichen aber auch 40 cm, je nach vorhandenem Gartenland.

In der Mitte zwischen den einzelnen Spinatreihen, die sehr früh sichtbar werden, ist nun der Platz, an den die eigentlichen Kulturen im Lauf des Jahres gesät oder gepflanzt werden. Der aufgewachsene Spinat gibt den jungen Pflanzen Schutz und Schatten, er bewahrt den Boden durch das Blattwerk vor Austrocknung, wehrt bestimmte Schädlinge ab, und schließlich ist er die beste Unterlage für den dort aufzubauenden Flächenkompost. Der Spinat wird später einfach mit der Ziehhacke oder einer flachen Hacke abgeschnitten und liegengelassen.

Spinaternte: Dieser junge, zarte Spinat liefert früh Blätter, die laufend für alle Küchenzwecke geerntet werden und für den Verkauf – ebenso laufend – den schönsten »Blattspinat« ergibt. Geht er in Samen, ist es Zeit, ihn abzuhacken (siehe oben).

Die Wurzel des Spinats ist weich. Nach wenigen Tagen ist von der Wurzel nichts mehr zu spüren. Im Bodenbereich aber kann »weitergearbeitet« werden, und der Spinat mit seinem Gehalt an Saponin und Schleimstoffen und mit seiner weichen Blattmasse hat eine rasche, düngende Wirkung. Die absterbenden Wurzeln und die abgehackten Blätter geben eine »Startfütterung« für die Bodenorganismen, die nun ihrerseits bei zunehmender Erwärmung intensiv tätig werden.

Was seither Spinatreihe war, wird also jetzt Zwischenraum, Trittweg. Und in dieses Linienwerk der Spinatreihen ordnen sich je nach Raumbedarf die anderen Gemüsearten ein, wie wir aus der schematischen Darstellung des Mischkulturgartens – auf den Innenseiten des Einbandes vorn und hinten, auf dem sogenannten Vorsatzpapier – ersehen können.

Die Abdeckung, die der Spinat ergeben hat, also die Abdeckung allen nicht besäten oder nicht bepflanzten Bodens, dient zur Beschattung, zum Schutz des Bodenlebens, als Trittschutz, auch als Wetterschutz bei heißer Sonne oder schwerem Regen, ist außerdem Nahrungszufuhr für Regenwürmer und für alle anderen sichtbaren und unsichtbaren Bodenlebewesen. So ist nun allmählich der ganze Garten von vorn bis hinten bewachsen und bedeckt, und wir haben die erste und grundlegende Bedingung dieses Gartenbaus erfüllt.

Den Anfänger irritiert zunächst, daß es keine Beete gibt und keine feststehenden Trittwege zwischen den Beeten. Bald aber sieht er an den gleichmäßig versorgten Pflanzen im ganzen Garten die Vorteile.

Da von beetweiser Kultur abgegangen ist, es also keine Trittwege gibt, entfällt auch ihre Pflege das Jahr über. Mehr noch aber fällt auf, daß es keine Randpflanzen an solchen Wegen gibt, daß also alle Pflanzen gleichmäßig versorgt sind und ihre Wurzeln rechts und links hinüberziehen können in die Nachbarschaft und sich dort holen können, was sie brauchen.

Die Böden auf den althergebrachten Trittwegen verhärten im Lauf des Jahres und sind keine optimale Nahrungsquelle für die Nachbarpflanzen. Auch im nächsten Jahr können

sie nicht wieder nahtlos in den Anbau eingefügt werden.
Das ist alles zu bedenken. Zu sehen sind vor allem auch die Vorteile, die der durchgehende Anbau des Mischkulturgartens unserer Art ergibt.

Der Anbauplan

Ehe die vorgesehenen Kulturen eingeteilt werden, sei es auf dem Papier oder gleich durch Einstecken der Etiketten im Garten, wo sie zwischen den Spinatreihen ihren Platz finden, ist zu überlegen, welchen Platzbedarf die einzelnen Kulturen haben: Handelt es sich um hohe, niedere oder flach sich ausbreitende Pflanzen – z.B. Gurken? Wann können die Kulturen ausgebracht werden? Wann ist Erntezeit?
Das Schema zeigt, daß die Reihen mit Buchstaben bezeichnet sind. A bedeutet: Hier kommt eine Kultur hin, die vor ihrer Ausbringung nur kurze Zeit eine Vorfrucht haben kann, aber ab Mitte Mai bis Ende des Jahres ihren Platz braucht. Die A-Reihe wird mit Rot bezeichnet. Die rote Farbe also bezeichnet die Hauptreihen. Sie sind jeweils 2 m voneinander entfernt. Dorthin gehören zum Beispiel Tomaten, Stangenbohnen, Gurken, spätes Kraut, Puffbohnen, evtl. Kartoffeln und Zucchini. Und je nach dem Haushaltsbedarf (also der Personenzahl) oder dem Bedarf für den Verkauf (z.B. Feldgemüseanbau) kann selbstverständlich diese Reihe samt ihren nun nachfolgend genannten Begleit- oder Partnerkulturen beliebig oft und immer im Abstand von 2 m wiederholt werden.
Zwischen zwei A-Reihen liegt in der Mitte zunächst die B-Reihe, die im Plan und am besten auch später in der Garteneinteilung mit grüner Farbe bezeichnet wird. Diese B-Reihe ist für Pflanzen vorgesehen, die den Platz entweder in der ersten oder aber der zweiten Hälfte des Vegetationsjahres beanspruchen.
Als Beispiele gelten: Lauch, Zwiebeln, Schwarzwurzeln, Blumenkohl, Sellerie, Buschbohnen, Frühkohl, Rote Rüben, Erbsen, Pastinaken. Jede dieser Reihen kann mindestens zweimal eine volle Ernte tragen.
Zwischen A- und B-Reihen liegen noch einmal 50 cm entfernt die C-Reihen, die mit der Farbe Blau bezeichnet sind; sie sind in doppelter Anzahl vorhanden. Auf ihnen werden Kulturen mit kurzer Vegetationszeit und verhältnismäßig kleinem, niederem Wuchs angebaut. Sie stehen nur kurze Zeit dort, gehen weg und machen anderen, ähnlichen Kulturen Platz. Sie lieben den lichten Schatten der Nachbarpflanzen, der schon höheren Bestände der A- und B-Reihen. Bei diesen Gemüsearten ist auch der Haushaltsbedarf am größten. Hier lösen sich die Kulturen nacheinander ab. Nach frühen Sorten *einer Art* folgt eine spätere Sorte *anderer Art*. Beispiel: nach Frühkarotten späte Salate jeder Art.
Diese C-Reihen tragen zwei, oftmals auch drei Kulturen nacheinander. Es handelt sich um Karotten, auch mittelfrühe oder späte Gelbe Rüben, Steckzwiebelanzucht aus Samen, alle Salate, Kopfsalate verschiedener Sorten bis hin zu Endivien, Kohlrabi, Fenchel. Einzige Ausnahme: Im Falle Hauptkultur Gurken (rot) wird die C-Reihe (blau) rechts und links 50 cm entfernt nur *einmal* bestellt, weil die Gurken dann den Platz brauchen zum Ranken.
Die Vielzahl von sogenannten Kurzzeitreihen (also blauen) ist für das System äußerst wichtig: Mit ihnen kann man mannigfache Mischkulturen durchführen.
Nochmals sei betont: Nicht nur der dem Auge sichtbare Mischanbau der Pflanze hat vielseitige, fördernde und ausgleichende Wirkungen, sondern zugleich gibt es ein gemischtes Angebot für ein vielseitiges, artenreiches Leben der Mikroorganismen. Es sind also auch Fruchtfolgefragen nebenbei schon weitgehend gelöst.
An dieser Stelle muß gesagt werden: Das Gelingen oder Mißlingen eines Mischkulturengartens hängt davon ab, daß die Reihenkultur eingehalten wird. Man darf nicht im Laufe des Jahres Etiketten umstecken, man muß auch immer bei doppelter und aufeinanderfolgender Kultur auf derselben Reihe säen oder

Oben: Gesät wird alles, was frühzeitig benötigt wird: Kopfsalat (Frühsorten bis Attraktion), frühe Karotten, schoßfeste Kohlrabi, frühe Erbsen.

Links: Das Bild zeigt den Boden, wie er als Voraussetzung für das Gelingen aussehen sollte: leicht gefroren, es muß sich noch eine Rille ziehen lassen. Samenbedeckung mit dem Gartenboden selbst, nicht mit Kompost oder Torf! Fest antreten!

pflanzen. Das wird einleuchten, wenn wir später noch das Wesen des Flächenkompostes betrachten. Ordnung ist in diesem Garten die erste Voraussetzung für das Gelingen. Um so einfacher und leichter ist dann die laufende Arbeit.

Mischkultur – schematisch dargestellt

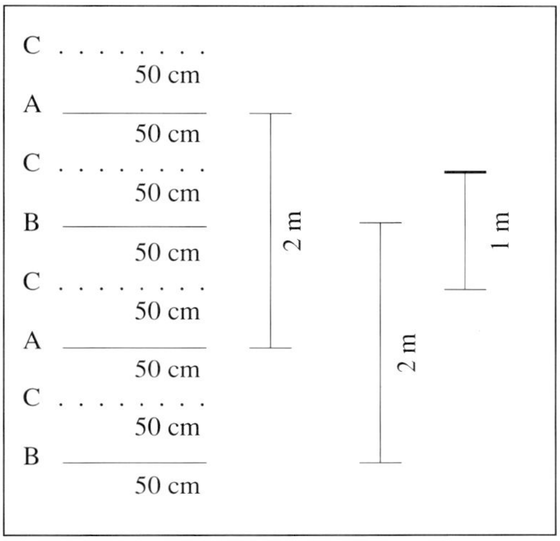

Die A-Reihen – rot, 2 m Abstand – werden ab Mai bis Ende der Vegetationsperiode für hohe oder breite Kulturen benötigt. Sie erhalten im frühen Frühjahr eine frostsichere Voraussaat (Senf, Ackerbohnen).

Die B-Reihen – grün, ebenfalls 2 m Abstand – tragen zwei volle Ernten in erster und zweiter Hälfte des Vegetationsjahres.

Die C-Reihen – blau, 1 m Abstand, also doppelt so viele Reihen wie A bzw. B – sind für Arten mit kurzer Vegetationszeit und niedrigem Wuchs bestimmt.

Welche Arten im einzelnen für die A-, B- und C-Reihen in Frage kommen, ist in der Übersicht auf Seite 28 zusammen gestellt.

Frühe Saaten

Zum Zeitpunkt der Spinataussaat und nach genauer Einteilung und Etikettierung kann man mit dem Ausbringen der Frühkulturen beginnen. Das sind Möhren, Zwiebeln, frühe Salate, auch Zwiebelsaat zu Steckzwiebeln. Auf den folgenden Seiten wird nun an einigen Beispielen ausführlich gezeigt, wie so eine Mischkultur aussehen könnte.

Zwischen der ersten und zweiten Spinatreihe etwa werden Möhren gesät. Zwischen der zweiten und dritten Spinatreihe werden folgerichtig entweder Zwiebeln gesät oder Steckzwiebeln gelegt oder Zwiebelsamen gesät zu Steckzwiebeln. Zwischen der dritten und vierten Spinatreihe noch einmal Möhren. Es ist bekannt und von vielen auch schon erprobt, daß Möhren und Zwiebeln eine fast klassische Mischkultur sind, mit gegenseitiger Abwehr von Möhren- und Zwiebelfliege.

Zwischen der vierten und fünften Spinatreihe bleibt zunächst der Zwischenraum von 50 cm frei. Man steckt aber dort das rote A-Etikett für Tomaten. Zwischen der fünften und sechsten Spinatreihe kämen noch einmal Möhren als gesunde Nachbarschaft für die Tomaten. Bei späterer Möhrensaat kann man zu demselben Zweck und mit bestem Erfolg auch die Pastinake säen. Sie ist als Mischkulturpflanze gleichbedeutend mit der Karotte. Außerdem besitzt sie ein unwahrscheinliches Tiefenwachstum: 80 cm lange und völlig unbeschädigte Wurzeln sind keine Seltenheit. Die Pastinake hat eine eigene Widerstandskraft gegen jeden Schädling.

Eine andere Planung könnte heißen: Zwischen der ersten und zweiten Spinatreihe bleibt es zunächst frei für eine spätere Pflanzung von Sellerie und Blumenkohl. Das würde bedeuten, daß gegenseitiger Schutz vor Sellerierost einerseits und vor Befall mit Raupen (Kohlweißling) andererseits gewährleistet ist. Das wäre also eine B-Reihe (grün).

Zwischen der zweiten und dritten Spinatreihe kommt die erste Aussaat Kopfsalat oder ein Blattsalat zum Schneiden, immer gemischt mit Radieschen oder Frührettich. Salat schützt die Radieschen oder den Rettich mit Sicherheit vor Erdflohbefall.

Zwischen der dritten und vierten Spinatreihe bleibt die Reihe frei für Gurken, wobei man hier gleich ein rotes Etikett steckt, also eine A-Reihe markiert. Zu diesem Zeitpunkt könnte man gut einen Schnittsalat in dieser freien A-Reihe als Voraussaat säen, in einem

Band von einigen Zentimetern, gemischt – wieder wegen der Abwehrkraft – mit Radieschensamen.

Falls der Gärtner nun überlegt, anstelle des Lattichs, also des Schnittsalats, etwa Kresse als Voraussaat zu säen, die so schnell weggehen würde wie der Schnittsalat, so ist davon abzuraten. (Die Erklärung folgt später beim Thema »Anbau von Heil- und Küchenkräutern« ab Seite 83.)

Zwischen der vierten und fünften Spinatreihe käme der nächste Salat, wieder mit frühem Rettich. Beide Kopfsalatreihen sind erntereif, bis die Gurken den Platz brauchen, der bei dem roten Etikett zwischen der dritten und vierten Spinatreihe vorgesehen ist.

Zwischen der fünften und sechsten Spinatreihe bleibt der Raum zunächst frei für Sellerie, Blumen- oder Frühkohl (B-Reihe, grün). Immer wird die Eiablage des Kohlweißlings am Kohl verhindert, wenn Sellerie direkt benachbart ist.

Für diese eben aufgeführten Mischkulturen gilt, daß die frühen Kohle den Platz bald räumen, Sellerie aber auf dem ihm verbleibenden Platz sich sehr gut bis zur Knolle weiterentwickelt.

Sollte, aus welchem Grund auch immer, kein Spinat als Linienblatt eingesät worden sein – vielleicht hat der Witterungsverlauf oder eine persönliche Abhaltung dies verhindert –, so kann natürlich die Mischkultur, genau wie beschrieben, trotzdem durchgeführt werden.

Es bleibt eben die jetzt nur *gedachte* Spinatreihe leer, bis anderes Bedeckungsmaterial vorhanden ist. Die richtige Gestaltung der Mischkultur hat nicht die Spinatsaat zur Voraussetzung. Die Bodenpflege allerdings wäre durch die Spinateinsaat entscheidend gefördert worden.

Alle Beispiele zeigen, worauf es in der Mischkultur ankommt: Es muß eine Kultur sein, durch die die richtige Pflanze in die richtige Nachbarschaft kommt: hinsichtlich Platzbedarf, Zeitanspruch, Räumen des Platzes, damit die anderen Kulturen nachfolgen können, die man eben *nicht auf Vorrat säen oder pflanzen kann.*

In erster Linie ist zu achten auf die richtige Zusammenstellung, daß wirklich jede Pflanze ihre Nachbarpflanze schützen kann und Licht und Schatten so verteilt sind, wie es die Kulturen brauchen.

Eine weitere gute Gemeinschaft sei noch genannt: Stangenbohnen mit Frühkohl verschiedenster Art. Man nimmt eine (rote) A-Reihe für Stangenbohnen, setzt jeweils rechts und links in 1 m Abstand, also auf eine B-Reihe, ein frühes Kraut und dazwischen, jeweils wieder in 50 cm Abstand (blau), Kopfsalate, Rettiche, Kohlrabi, gepflanzt oder gesät. (Siehe »Vorteile der Direktsaat«, Seite 23.)

Nach Aberntung der C-Reihen, also der Salate, bleiben diese frei, damit Platz zum Pflücken der Bohnen ist; sie bekommen nur Bodenbedeckung, auf der man beim Ernten gehen kann. Nach Aberntung des frühen Krauts ist dort reichlich Platz für Winterrettiche, Endivien – alles gesäte Kulturen.

Ein weiteres, sehr gutes Beispiel der Mischkultur: Tomaten, also A-Reihen mit 2 m Reihenabstand, 1 m Abstand rechts und links entfernt Steckzwiebeln oder Saatzwiebeln im Band zur Erzeugung von Steckzwiebeln für das kommende Jahr. Hier jeweils 50 cm davon entfernt (auf den blauen C-Reihen also) frühe, mittelfrühe und späte Karotten oder Wurzelpetersilie oder – eine ganz hervorragende Mischkultur! – Pastinake.

Noch ein Beispiel: Erbsen, also A-Reihe, und zwar Früherbsen oder etwas höher wachsende spätere Markerbsen – da Markerbsen frostempfindlich sind, nicht zu früh ausbringen! – und in 1 m Entfernung, also auf einer grünen B-Reihe, Blaukraut oder Blumenkohl, immer mit Sellerie dazwischen in der Reihe, also *Mischkultur in der Reihe*, und nun 50 cm entfernt (C-Reihe, blau) Rote Rüben, Salate. Danach als Folgesaat Kohlrabi, direkt in den Boden gesät und verzogen.

Der jetzt mehrfach angesprochene Sellerie wird zweckmäßigerweise zur Erzeugung großer Knollen, die dann auch den Winterbedarf decken, als Mischkultur in der Blumenkohl- oder in der Frühkohlreihe gepflanzt, damit bei der Aberntung der frühen Kohlarten

der allein in der Reihe noch stehende Sellerie seinen Platz hat.
Zusammenstellung positiver Nachbarschaften s. Seite 28, Beispiele für Anbaupläne s. Seiten 33 bis 37.

Ungünstige Nachbarschaften

Die seither angeführten Mischkulturen sind das Ergebnis jahrelanger Beobachtungen. Sie mußten auch in all den Jahren nicht geändert werden; sie haben sich bewährt. Bei richtiger Zusammenstellung wurde deutlich eine Wuchsförderung festgestellt. Bei falschen Zusammenstellungen kann auch eine Wuchshemmung eintreten, deshalb sollte man solche falschen Zusammenstellungen vermeiden.
Es gibt nur wenige ungünstige Nachbarschaften, die man sich merken muß:

Bohnen und Zwiebeln
Kohl und Zwiebeln
Kartoffeln und Zwiebeln
Blaukraut und Tomaten
Rote Rüben und Tomaten
Petersilie und Kopfsalat
passen nicht zusammen.

Wenn man diese wenigen negativen Zusammenstellungen beachtet, werden nicht viele Fehler unterlaufen können.

Sellerie und Tomate als Abwehrpflanzen

Der Sellerie wird zur Abwehr der Raupen bei allen Kohlarten gebraucht. Selleriepflanzen können gerade bei Spätkohlarten nicht immer zur großen Sellerieknolle heranwachsen. Von den hier gesetzten Pflanzen erwarten wir auch keine großen Knollen, wir brauchen sie aber als Abwehr (Schutzsellerie), und es werden dort das ganze Jahr über für den Küchenbedarf grüne Sellerieblätter geholt. Sie bleiben auch in dieser Form ein sicherer Schutz zur Abwehr der Kohlweißlinge. Die zur Knollenernte gepflanzten Sellerie werden dann auch nicht durch Abnehmen von Blättern in ihrem Wuchs und in der Entwicklung zur Knolle geschädigt.
Ebenso wie Sellerie ist auch die Tomate eine ausgezeichnete Abwehrpflanze. Man könnte deshalb zwischen die Tomaten in der Reihe durchaus andere gefährdete Pflanzen stellen (also z. B. Kohlarten), so wie man zwischen Sellerie gefährdete Kohle stellt.
Wer einmal in seinem Garten beobachtet hat, wie eine Pflanzenart der benachbarten anderen Schutz gewährt vor pflanzlichen und tierischen Schädigungen und Erkrankungen, der möchte diese mühelose Schädlingsbekämpfung nicht mehr missen. Diese kostenlose und sehr arbeitssparende Schädlingsbekämpfung kann noch dazu keinerlei Umweltbelastung bringen!
Bewirkt wird diese Abwehrkraft einerseits durch die richtige Wahl und nicht zuletzt auch durch die großen Reihenentfernungen zwischen gleichen Pflanzenarten, die den Weiterflug der Schädlinge oder bei Pilzkrankheiten jede Ansteckung erschweren. Der Erfolg in einem Mischkulturengarten ist oft verblüffend und war lange Zeit nur Erfahrung. Nun aber liegt eine wissenschaftliche Auswertung und auch »Begründung« vor. Die amerikanische Zeitschrift »Organic Gardening« (Rodale Press, Emmaus, Pa., USA) hat darüber berichtet. Danach enthält jede Pflanze bestimmte, ihr eigene Wirkstoffe und Duftstoffe – manchmal auch für uns wahrnehmbar –, die sie ausscheidet. Ein Insekt orientiert sich an diesen ausgesandten Duftstoffen, es sucht »seine« Pflanzen, die es etwa zur Eiablage oder als Futterplatz braucht. Dabei wird es für uns zum Schädling.
Stehen nun andere Pflanzen mit völlig anderen Düften und Ausscheidungen in der Nachbarschaft, wird das Insekt verwirrt. Es wird durch eine entstandene Duftkombination abgelenkt und wandert weiter. Was für uns zunächst unsichtbar ist, ähnlich wie im Wurzelbereich, ist wichtig, ja entscheidend zur gegenseitigen Beeinflussung der Pflanzen.

Vorteile der Direktsaat

Bei der Wiedergabe von Beispielen von Mischkulturen war wiederholt von »gesäten Kulturen« die Rede. Hierzu nun noch einige Einzelheiten. Einer der Vorteile der Reihenkultur ist, daß sich durch die aufeinanderfolgenden Erntetermine der verschiedenen Reihen immer neue Saat- und Pflanzreihen für Nachkulturen ergeben. Hier kann man auch bequem und sicher solche Gemüsearten direkt säen, die man bisher als vorgezogene Pflanzen zu setzen gewohnt war, zum Beispiel alle Salate, aber auch andere Gemüsearten, z.B. Gurken, Kohlrabi und ähnliches. Dabei ist immer auch Mischung in der Reihe möglich (Mischung *in* der Reihe wird besprochen bei »Anbau von Heil- und Küchenkräutern«).

Salat, eine früh zu säende Kultur, eignet sich zur Direktsaat besonders gut. Bei Direktsaat ist immer eine Rettichreihe mit gesichert, weil der Salat den Erdfloh abwehrt. Auch wird Salat, verzogen auf den richtigen Abstand, sicher wachsen, ohne Lücken zu zeigen, die durch Schäden beim Setzen (auch Angießen) sonst entstehen können. Die Pflanzen stehen fest, werden nicht von Schnecken angefressen, auch nicht von Regenwürmern hinuntergezogen und was es an ähnlichen Problemen noch geben könnte.

Bei Direktsaaten, wo immer sie möglich sind, wird man stets einen Vorsprung des Gesäten vor dem Gepflanzten *bei gleichem Saat- bzw. Pflanztermin* feststellen. Weder Schädlinge noch Krankheiten zeigen sich bei gesäten Kulturen, und alle Probleme, die gerade bei Salaten auftauchen können (also Mehltau, Läuse o.ä.), treten von vornherein nicht auf, wenn man den Samen direkt in den Gartenboden bringt und die Möglichkeiten zur Beisaat geeigneter Kräuter nützt.

Weitere Vorteile der Direktsaat

Direktsaaten raschwüchsiger Arten werden hie und da schon ausgeführt – aber leider nicht immer die Saaten, die größere Samen haben wie Gurken, Zucchini und Kürbis und die außerdem höhere Temperaturen beanspruchen.

Oben: Die gesäten Gurken gehen auf. Mitsaaten: Dill und Basilikum. Rechts und links liegt die abgehackte Nebensaat Spinat als unterste Schicht nachfolgenden Flächenkompostes.

Linke Seite: Ausschnitt aus einer Mischkultur – früher Sommer. Deutlich sichtbar die mitgesäten Heilkräuter: zu Möhren Dill und Ringelblume, zu Kohl: Boretsch und Schnittsellerie. Tomaten mit Untersaat Senf, der nur kurze Zeit stehenbleibt. Ausschlaggebend für das gesunde und problemlose Wachstum: Flächenkompost. Vorausgegangen war auf allen Zwischenräumen Spinat. Nach dem Abhacken des Spinats darauf Grasschnitt mit Wildkräutern. Darauf jetzt: Häcksel. Weiterer Aufbau dieses Flächenkompostes: gehäckselte Stauden, siehe Text.

Leider sind es in unserer Klimazone noch eine ganze Anzahl von Pflanzen, die einer Vorkultur bedürfen, also im Schutz eines Gewächshauses oder Frühbeetkastens herangezogen werden müssen und viel Pflege brauchen, bis sie erst Ende Mai in das freie Land ausgepflanzt werden: z.B. Tomaten, Sellerie und späte Kohlarten.

Obwohl man Erbsen und Bohnen immer direkt sät, sollte man auch bei ihnen *immer* die Saatzeit beachten (s. Phasenplan Seite 29/30), damit die nötige Bodenwärme eingetreten ist. Bei zu frühem Ausbringen sind gerade sie die Opfer von Schädlingen, die die Stockungen im Lauf des Wachstums ausnutzen. Siehe

dazu auch Voraussaaten für spätere Kulturen (im Plan Seite 35).
Ausgangspunkt dieser Direktsaaten-Methode waren unsere Erfahrungen mit den »Frostsaaten«, die wir in früheren Veröffentlichungen noch »Novembersaaten« nannten. Dies sollte heißen: ab November, nicht früher. Sicherer aber ist, den Dezember noch vorübergehen zu lassen und in einer Zeit, wo der Boden leicht gefroren ist – nicht mehr oder noch nicht »schmiert«, aber körnige Struktur zeigt –, Saatrillen zu ziehen und dann wieder mit dem gewachsenen Boden zuzudecken.
Samen erfrieren niemals, wenn sie im Boden liegen; sie können ruhig ihre Zeit abwarten, bis der Boden Keimtemperatur erreicht hat. Manche Samen keimen sogar sicherer, wenn sie eine Frostperiode durchgemacht haben.
Zu dieser Frostsaat werden immer – im Samenkatalog ausgesucht – *früheste* Sorten gewählt: Salate, bei denen »früheste Freiland« angegeben ist, oder frühe Karotten. Es könnten auch schon die ganzen Spinatreihen – siehe Nebensaaten – gesät werden, ferner Lauch, Petersilie, Zwiebeln, Kohlrabi und Frühkohl, sofern die Sorte den Vermerk »Nicht frostempfindlich« trägt.
Wann immer das Thema Direktsaaten angeschnitten und besprochen wird oder die gesunden Reihen im Beet sichtbar werden, kommt der Einwand, der Verbrauch an Saatgut sei auf diese Weise zu hoch und deshalb zu teuer.
Die Antwort lautet: Das kann man vermeiden, indem man mit Hilfe eines kleinen Tricks dünn und gleichmäßig sät: restliche alte Samen werden im Backofen bei milder Hitze »keimunfähig« gemacht und dann in entsprechendem Verhältnis mit keimfähigen Samen gemischt. Dazu kommen in das Mischgefäß noch die geeigneten Kräuter zur Mitsaat, und man wird sehen, daß das Aufgehen sehr gleichmäßig und auch dünn genug sein kann (Verhältnis 1 : 4). Selbstverständlich kann nur Samen gleicher Form und Größe auf diese Weise gemischt werden, andernfalls entmischt sich das Saatgut. Aber diese Methode ist uns seit Jahren eine gute Hilfe.

Keine Fruchtfolgeprobleme!

Der Mischkulturengärtner braucht sich kaum Gedanken zu machen, ob er die richtige Fruchtfolge einhält. Wenn er seine Kulturen so geplant hat und auch die entsprechenden Reihenabstände – Langzeit-, Mittelzeit-, Kurzzeitreihen – beachtet, so hat er eine saubere Fruchtfolge eingeleitet.
Schon innerhalb desselben Gartenjahres ergibt sich durch mehrmals bestellte Reihen eine gesunde Folge. Und praktischen Gärtnern ist sehr zu empfehlen, zu Beginn des Jahres bei der Einteilung und bei den ersten Aussaaten durch die Etiketten möglichst in den aufgeführten Farben und beschriftet mit den Sortennamen für die ganzjährige Einhaltung dieser Ordnung zu sorgen (s. Bilder Seiten 14, 15, 22, 26, 31, 120).
Diese Etiketten sollten das ganze Jahr über stehenbleiben. Der Mischkulturengärtner wird eine richtige Fruchtfolge mühelos erreichen: zum einen bei den zwei- bis dreimal wechselnden Kulturen auf derselben Reihe, das ergibt schon eine hervorragende Mischung; zum anderen dadurch, daß im nächsten Jahr die Spinatsaat und damit auch die Gemüsereihen sich um das halbe Maß verschieben: um 25 cm seitlich.
So kommt im nächsten Jahr der Spinat auf die diesjährige Gemüsekulturreihe. Es werden also in den letztjährigen Oberflächenkompost die Gemüsekulturen gesät und gepflanzt.
So ist es praktisch ganz unmöglich, daß dieselbe oder eine sehr nah verwandte Pflanze wieder auf denselben Platz kommt. Falls kein Spinat vorausgesät wurde, wird die Gemüsereihe eben dort angelegt, wo die Flächenkompostreihe war. Die früher gewohnten Einteilungen in Starkzehrer und Schwachzehrer können wir vergessen.
Der Mischkulturengarten wird (das wird später im Abschnitt »Flächenkompost« noch ausführlich besprochen) ganz gleichmäßig gedüngt, so daß für den Gärtner Überlegungen über Düngung und Fruchtfolge kaum noch auftreten und alle seine Kulturen gleichmäßig und gesund aufwachsen. Im Mischkulturen-

garten, hat er sich einmal eingespielt, wird vieles einfacher.

Spätsommer, Herbst und Winter

Am Ende eines Gartenjahres, also gegen den Herbst zu, zeigt sich ein Garten, der nach den seitherigen Ratschlägen als Mischkulturengarten angebaut wurde, nicht nur von seiner arbeitssparenden Seite, sondern er zeigt auch die ganz besonderen Möglichkeiten, Voraussetzungen zu schaffen für gute und gesunde Ernten kommender Jahre. Die Einteilung eines Mischkulturengartens – siehe Plan, siehe Bilder – sieht vor, anstelle der beetweisen Kultur eine Reihenkultur anzulegen, und zwar in exakten Abständen, die sich im Laufe des Jahres nicht verschieben.
In der Entfernung von 2 m stehen also die Hauptreihen (A-Reihen, rot), die eine ganz kurze Voraussaat hatten, die ab Ende Mai benötigt wurden und dann das ganze Vegetationsjahr dieselbe Frucht tragen. Dies sind die Reihen der Tomaten, Gurken, auch der späten Kohle aller Arten. Festgelegt sind auch die Mittelreihen, die dazwischen liegen, also 1 m von der A-Reihe entfernt, die grün markierten B-Reihen. Auf ihnen standen Kulturen, die recht frühzeitig ausgebracht werden konnten. (Beispiele s. Seiten 33, 36, 37.)

Ernte der Nachfrüchte

Die letztgenannten Reihen tragen nun die Nachfrüchte, die im Herbst geerntet werden können: Fenchel, Chinakohl, Pastinaken, Kopfsalat (späte Sorten), Endivien, Zuckerhut, Dill. Dort stehen auch die Kulturen, die eine kurze Vorkultur hatten, etwa Schnittsalat, Kresse oder Senf, und deren Pflanzzeit etwas später liegt: Lauch, Sellerie, später Blumenkohl, und, schon geerntet oder noch zu ernten, Rote Rüben.
Es steht teilweise auch noch eine Ernte auf den sog. Kurzzeitreihen, also C-Reihen, die jeweils zwischen den Haupt- und Mittelreihen liegen, in der Entfernung von 50 cm. Hier standen einmal alle frühen Sorten von Salat, Radieschen, Rettich, Möhren in verschiedenen Sorten, Kohlrabi, auch Buschbohnen o. ä. Alle diese Gemüse sind längst verbraucht, alle Reihen bekamen eine zweite Kultur und in einzelnen Fällen auch noch eine dritte.
So stehen noch – selbstverständlich im Wechsel mit der vorausgegangenen Gemüseart – späte Möhren, alle Salate (immer mit Rettich oder Radies), Frischsaaten von besonders benötigten Kräutern, Dill und ähnliches, und Kohlrabi und Spinat für den Herbstverbrauch. Somit bietet gegen den Herbst zu ein Mischkulturengarten in dieser Einteilung noch ein volles Sortiment frischer Gemüsearten an.
Bei der Aberntung der einzelnen Reihen wird der Gärtner sich immer überlegen, ob sich jetzt noch eine Einsaat lohnen würde, d. h. ob irgend etwas noch zur Ernte kommen könnte. Irgendwann lohnt diese letzte Gemüsekultur, auch bei guter Klimalage, nicht mehr. Einige Reihen werden also bald nicht mehr benötigt.

Das »Nicht-mehr-Umgraben«

Doch wir erinnern uns, daß ein Garten das ganze Jahr über grün sein sollte. Und so darf eine solche Reihe, die abgeerntet wurde, nicht leer und braun liegen; noch viel weniger dürfen wir dort umgraben, wenn wir uns an die Eingangssätze erinnern: Den Boden schonend behandeln, und auch im Herbst die belebte Schicht nicht nach unten graben und die unbelebte nicht nach oben holen!
Wenn also eine Reihe nicht mehr benötigt wird, wird mit der Grabegabel eingestochen, der Gabelstiel etwas bewegt, der Boden aber nicht gewendet, und dann die Gabel zurückgezogen. Diese Arbeit, das Lockern mit der Grabegabel, können auch schwächere und ältere Menschen ausführen. Die schwere Arbeit des Umgrabens entfällt.

Senfeinsaat

Zu diesem Zeitpunkt also, wenn sich keine auch noch so kurzlebige Gemüseart mehr lohnt, können jedoch noch lange Zeit Samen zum Keimen kommen; und auch ein geringes Wachstum ist noch zu erwarten.

Oben und links: Der Mischkulturengarten im Spätherbst. Die Frühjahrsarbeiten werden eingeleitet: lockern, nicht umgraben! Begrünen soweit möglich. Für die Winterernte bleiben stehen: Lauch, Blaukraut, Endivien, Zuckerhut, Petersilie.

Rechte Seite: Senf friert ab minus 7 Grad C ab. Er bildet über Winter einen lockeren Schleier, der Luft an den Boden läßt. Im Frühjahr zerfallen die erfrorenen Reste schon bei leichter Berührung mit dem Rechen. Es kann früh und rechtzeitig bestellt werden ohne weitere Bodenbearbeitung.

In diesen nun *gelüfteten Boden* wird breitwürfig Senf gesät, der zum Teil in die entstandenen Luftlöcher fällt; der Rest braucht nur mit dem Rechen (Harke) leicht zugedeckt zu werden. Senf keimt in wenigen Tagen und gibt eine dichte grüne Decke.

Damit haben wir den Boden bestmöglich versorgt: Er wird begrünt, das Unkraut unterdrückt, die Wurzeln gehen weit tiefer, als wir zunächst ahnen, der Boden wird beschattet; und wenn wir Senf nicht zur Blüte kommen lassen, was in dieser späten Jahreszeit ja kaum mehr möglich ist, entzieht er weniger Wasser, als der offene Boden ausströmen ließe. Senf ergibt ein »Miniwäldchen« mit schattigem, feuchtem Untergrund.

Im Vergleich mit anderen Gründüngungspflanzen, die alle ihren Wert haben, hat Senf besonders für den Garten noch andere Vorteile. Keine andere ist so mühelos zu säen und so leicht zu handhaben wie der weiche Senf, der mit Sicherheit ab minus 7 Grad C abfriert. Die bequeme Handhabung ist besonders wichtig im Mischkulturengarten mit seinen leichten Geräten. Senf hinterläßt auch keine groben Stengel für das Frühjahr, wenn man sich daran hält, daß er nicht zur Blüte kommen darf. Der leichte Schleier, der nun auf dem allmählich gefrorenen Boden liegt, verpulvert im Frühjahr bei der leichtesten Berührung mit dem Rechen (Harke). Eine weitere Saatvorbereitung ist nicht notwendig.

Es werden also jetzt im Herbst schon alle Vorbereitungen für eine kommende Saat getan – mühelos und sicher.

So fährt man fort: Immer, wenn eine Reihe frei wird, die nicht mehr besät, also nicht mehr benötigt wird, weil es keine Ernteerwartungen mehr gibt, wird der Boden gelüftet und mit Senf eingesät – solange wie Aussicht besteht, daß ein Samenkorn noch keimen kann. Wenn auch die letzte Senfsaat nur wenige Zentimeter hoch wird, so geht die Wurzel viel tiefer und ergibt wertvolle Wurzelrückstände.

Eine Anmerkung für die Hausfrau: Diese kleinen Senfpflanzen, die jetzt noch wachsen, sind eine hochwillkommene Nahrungsergänzung in Form von Salaten und als Küchenkraut, zarter und milder als Kresse, zudem ein hervorragender Gesundheitsspender. Er ist zu dieser Jahreszeit, wo die Vitaminträger im Garten allmählich zurückgehen, ganz besonders nützlich.

Bei der Vorbereitung für den Winter wird es eine letzte Reihe geben, die man auch nicht mehr mit einer Gründüngungspflanze besäen kann, wo also keine Aussicht mehr besteht, daß selbst ein rasch keimendes Senfkorn noch keimen kann. Das werden in allen Gärten wohl die letzten Reihen des Selleries sein, des letzten Kohles, vielleicht auch eine letzte Reihe Rote Rüben oder die zum Einwintern bestimmten Mohrrüben.

In diesen Reihen wurde zur Vorbereitung für die Frühjahrssaat der Boden meist schon durch die Ernte mit der Grabegabel nebenbei »gelüftet«; vielleicht muß man auch noch etwas nachhelfen, damit der Boden gewiß Luft bekommt und gelockert ist. Man bedeckt nun diese Reihen sauber und gleichmäßig mit den abgedrehten Blättern und Hüllblättern, die man anderweitig nicht mehr verwerten kann: also jede Reihe mit den eigenen Blättern.

So stehen nun beim Einbruch des Winters grüne Senfreihen in verschiedenen Höhen, es liegen Reihen bedeckt mit Blättern, es stehen noch Reihen mit Kulturpflanzen, die im Winter erst geerntet werden (Lauch, Winterkohl, Rosenkohl, Petersilie).

Zusammenstellungen der Mischkulturen

Positive Nachbarschaften

Bohnen/Kohlarten
Kohlarten/Rote Rüben
Tomaten/Petersilie
Tomaten/Zwiebeln
Tomaten/Kohlarten
Tomaten/Sellerie

Tomaten/Buschbohnen
Karotten/Zwiebeln

Pastinaken/Zwiebeln
Salate/Rettiche
Salate/Bohnen
Salate/Gurken

Salate/Buschbohnen
Salate/Rote Rüben
Salate/Mangold
Erbsen/Kohlarten
Erbsen/Sellerie
Sellerie/alle Kohlarten, bes. auch in der Reihe gemischt
Gurken/Kohlarten
Kartoffeln/alle Kohlarten (späte Sorten)
Kartoffeln/Erbsen
Kartoffeln/Puffbohnen

Gemüsearten, aufgegliedert nach
Hauptreihen (A), Mittelreihen (B) und Kurzzeitreihen (C)

A-Reihen
rot, 2 m Abstand, ab Mai bis Ende der Vegetationsperiode, für hohe oder breite Kulturen. Voraussaat von Senf oder Ackerbohnen im frühen Frühjahr:
Tomaten, Stangenbohnen, Gurken, Spätes Kraut, Puffbohnen, Kartoffeln, Zucchini, Frühe Erbsen/Markerbsen

B-Reihen
grün, 2 m Abstand, zwei volle Ernten in erster und zweiter Hälfte des Vegetationsjahres:
Lauch (Saatreihe), Zwiebeln, Schwarzwurzeln, Blumenkohl, Sellerie, Buschbohnen, Frühkohl, Rote Rüben, Pastinaken, Mangold, Steckzwiebeln aus Samen

C-Reihen
blau, 1 m Abstand, Arten mit kurzer Vegetationszeit und niedrigem Wuchs:
Frühkarotten, Späte Salate, Gelbe Rüben, Steckzwiebeln aus Samen,
Kopfsalate versch. Sorten bis Endiviensalat, Kohlrabi, Fenchel, Pastinaken,
Saatreihe Lauch

Phasenplan, Gartenplan, Pflanzlisten

Listen zum Ablauf der Sä-Phasen

Erste Sä-Phase etwa März–April, grün

Saaten	**Ernten**	**Unter Glas vorziehen**
Kresse	Ackersalat	Tomaten
Schnittsalat (Rand) mit Radieschen	Lauch	Sellerie
Spinat (siehe besondere Ausführungen S. 16)	Scharbockskraut (und sonstige Wildkräuter)	Paprika
Petersilie	Rosenkohl, Winterkohl	Frühkohl
Erbsen		
Erste Karotten	Schnittlauch	Blumen, Kräuter
Saat für Steckzwiebeln	Heckenzwiebel	
Saat für Überwinterungszwiebeln	Sauerampfer, Kerbel	
Stecken (Legen) von Steckzwiebeln für Lagerzwiebeln	Petersilie, Pastinaken, überwintert im Boden	
Schwarzwurzeln		
Salat, z.B. ›May King‹ (erste Aussaat) mit Radieschen		
Salat, z.B. ›King‹ (zweite Aussaat) mit Frührettichen	*Fortsetzung »Saaten«* Kohlrabi, Sorte beachten; Lauch (zu Setzpflanzen)	

Zweite Sä-Phase, etwa April–Mai, rot

Saaten		**Pflanzenanzucht**
Zweite Kohlrabiaussaat mit Kräutern	Anfang April setzt Bodenwärme ein.	Frühkohle Fortsetzung
Dritte Salataussaat (›Attraktion‹) mit Rettich ›Ostergruß‹	Ab hier wird der Boden bedeckt, erste Schicht	Blumenkohl, Später Kohl, Späte Kohlrabi
Markerbsen	evtl. Spinat	Rosenkohl, Winterkohl
Mangold	oder	
Schnittlauch	vorher Wildkräuter	
Zweite Möhrenaussaat (z.B. ›Gonsenheimer‹)	*Fortsetzung »Saaten«* Pastinaken	
Karotten mit Dill	Buschbohnen mit Bohnenkraut	
Rote Rüben	Frühkartoffeln	

Dritte Sä-Phase, Mitte Mai, gelb

Stangenbohnen legen, Bohnenkraut mitsäen	
Gurken legen, mit Dill, Basilikum	
Kürbisse	
Zucchini	
Tomaten pflanzen	Ende Mai
Sellerie pflanzen	Ende Mai

Saaten	**Vorziehen**
Dritte Möhrensaat, z. B. ›Nantes‹ Vierte Salataussaat, z. B. Eissalat mit Rettichen (›Münchner Bier‹) Erste Endivienaussaat, z. B. ›Escariol‹ Kartoffeln legen Kohlrüben	Spät-Blumenkohl auspflanzen: wenn Kartoffeln angehäufelt sind

Vierte Sä-Phase, ab etwa Juni–Juli, blau

Saaten, Pflanzungen

Spätkohl setzen
Zweite (letzte) Buschbohnenaussaat
Zweite Endivienaussaat mit Winterrettichen
Zuckerhut *direkt*
Chinakohl

Ab Juli

Vermehrung von Erdbeeren
Fenchel – Freiland
Spätester Blumenkohl, pflanzen
Rosenkohl, Winterkohl pflanzen

Ab Juli: blau

Endivien aus gesäter Reihe versetzen
Herbstspinat
Frühlingszwiebel direkt säen,
wenn davon keine Steckzwiebel vorhanden
Wintersalat säen, z. B. ›Maiwunder‹
für frühesten Freilandsalat

August–September

Ackersalat
Winterspinat

Rechte Seite:
Zeit der Obstbaumblüte. Schon jetzt sind die Gemüsereihen deutlich sichtbar: Gemüsearten, die als »Frostsaat« gesät wurden, mit einem Vorsprung von mindestens drei Wochen gegenüber der Frühjahrsbestellung. Einen wichtigen Anteil stellen die später im Jahr blühenden Gewürzkräuter. Diese sind in den noch freien Reihen eingeplant oder schon eingesät.

Bis zum Frühjahr ist alle Bedeckung verrottet, wenn es nicht ein ganz besonders schneereicher Winter war und die Schneedecke von November bis Februar liegenblieb. Der abgefrorene, grüne Senf liegt als leichter Schleier schützend auf dem Boden, und auch die mit den eigenen Blättern bedeckten Gemüsereihen haben eine durchgefrorene Decke mit verrottetem Material.

Für das ganze Stück gilt: Es braucht im Frühjahr nur abgerecht (abgeharkt) zu werden. Etwa zusammengerechte Reste von Bedeckungsmaterial ergeben einen, wenn auch geringen, aber doch guten Anteil auf dem Komposthaufen. Vielleicht fragen sich manche Gärtner, wie die 50 cm breiten Zwischenräume, die aufgebauten Flächenkomposträume, in den Winter gehen. Diese streifenförmigen Zwischenflächen dienten auch als Trittwege. Auf ihnen stand im Frühjahr der Spinat, und anschließend lag dort die verschiedenste Bodenbedeckung. Wir haben diesen Flächenkompost aufgebaut und gepflegt wie jeden Kompost, Schicht auf Schicht, wie das verrottbare Material anfiel.

Alles Material, das aufgebracht wurde, ist bis zum Herbst schon verrottet. Und man wird einen erfreulich lockeren Boden und einen reichen Besatz von Regenwürmern dort finden. Im Bedarfsfall wird auch dieser Streifen mit der Grabegabel gelockert. Damit ist die sonst so schwere und mühsame Herbstarbeit ohne Anstrengung erledigt, der Boden für das kommende Jahr bereitet und zugleich die Frage der Fruchtfolge gelöst.

Frostsaat für vorgezogene Frühjahrsernte

In Gegenden mit schweren Böden kann man im Frühjahr das Gartenland oft erst sehr spät betreten. Man wird nun versuchen, zu einer Zeit, wo der Frost schon eingetreten ist (siehe Bild) – also frühestens im Dezember – Samen in den Boden zu bringen.

Der Samen kann zu dieser Zeit nicht mehr keimen. Er soll dies auch nicht, er soll höchstens quellen und dann im zeitigen Frühjahr kommen, wenn es genügend warm ist. Und das wird auch mit Sicherheit geschehen.

Der Boden soll für diese Saat eventuell leicht gefroren und trocken sein. Zugedeckt wird mit Erde, niemals mit Torf, da dieser in besonderem Maß die Kälte hält und im Frühjahr die Keimung verzögert und unter Umständen das ganze Gelingen in Frage stellt. Man wird auch keinen Kompost irgendwelcher Art zum Bedecken nehmen, sondern den dort gewachsenen Boden. Die Reihen, die für die frühen Saaten von Salat und Karotten vorgesehen sind, werden ab Dezember mit einer *Frühsorte* besät. Dies ist ganz wichtig: Man säe also nicht, weil es schon Winter ist, etwa einen Winterkopfsalat, sondern nehme allerfrühesten Freilandsalat, allerfrüheste Möhren. Diese Saaten gehen dann schon auf, ehe man im Frühjahr den Boden betreten kann. Sie haben nachweislich einen Wachstumsvorsprung bis zu drei Wochen. Man kann also die weiteren Aussaaten im Frühjahr in Ruhe abwarten, die wichtigsten Samen sind im Boden.

Als Frostsaat wird man solche Gemüsearten auswählen, die nach dem Auflaufen nicht empfindlich sind gegen relativ niedere Temperaturen. Kulturen, die sich als Frostsaat bewährt haben: früheste Salatsorten, früheste Karottensorten, auch Spinat, Lauch, Schwarzwurzeln, Wurzelpetersilie, Kohlrabi, bei denen angegeben sein sollte, daß sie nicht zum Schossen neigen, wenn niedrige Temperaturen kommen.

Auch Frühkohl kann, wenn diese Bedingungen beachtet werden, schon ausgebracht werden. Selbstverständlich können jetzt im Winter schon Petersilie und Zwiebeln gesät werden. In vielen Jahren hat sich die Sorte Stuttgarter Riesen bewährt.

Weiteres zu dieser Frühaussaat folgt im nächsten Kapitel: »Gartenprobleme – leicht lösbar durch Mischkultur«.

Beispiele eines Mischkulturen-Gartenplanes

Die Gemüsearten sind so ausgewählt und aneinandergefügt, daß die Gesichtspunkte der richtigen Abstände, des vorbeugenden Pflanzenschutzes und der Ansprüche der einzelnen Pflanzenarten beachtet sind. Diese Beispiele sind in sich abgestimmte Mischkulturen-Kombinationen. Sie können je nach Haushaltsbedarf blockweise aneinandergereiht, wiederholt oder ausgetauscht, sollten aber nicht innerhalb eines Blocks getrennt werden. (Siehe auch Übersichten Seite 28 und Schema S. 19.)

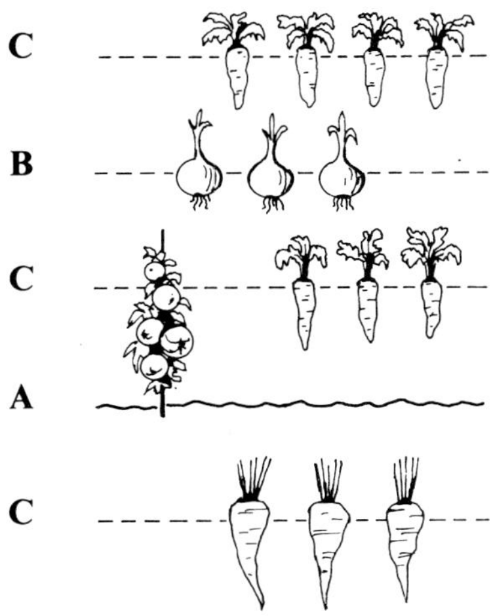

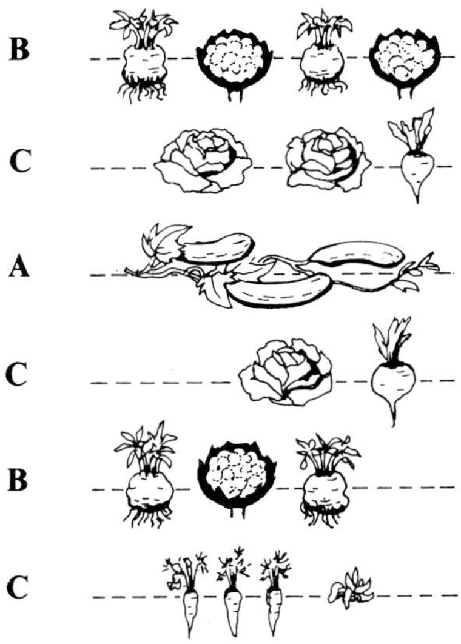

Beispiel 1

C Möhren
B Zwiebeln
C Möhren
A reserviert für Tomaten, Voraussaat Senf oder Ackerbohnen
C Pastinaken

Beispiel 2

B Sellerie und Blumenkohl oder anderer Frühkohl
C Kopf- oder Schnittsalat mit Radieschen oder Rettich
A reserviert für Gurken, Voraussaat Senf oder Ackerbohnen
C Salat mit Rettich
B Sellerie und Blumenkohl oder anderer Frühkohl
C Karotten, Salate (Folgesaaten)

Der Blumen- und Nutzgarten im Jahreslauf

(siehe auch nebenstehende Tabelle)

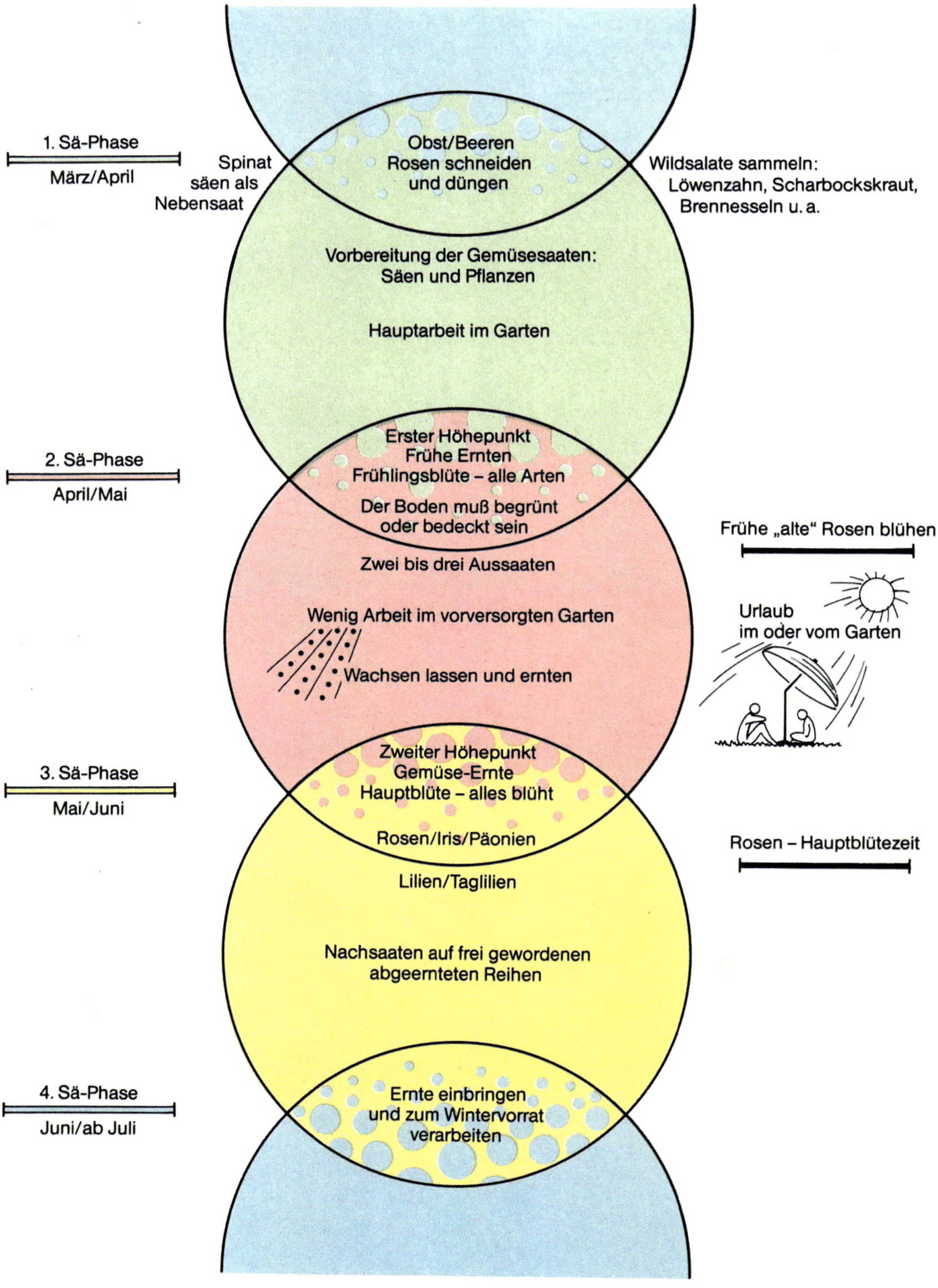

Beispiel einer exakten Mischkultur, Bodenpflege durch Bedeckung (Flächenkompost)

Voraussaaten		Mitsaaten		Hauptkulturen	
				abgehackter Spinat	
keine Voraussaat	C	keine	C	Petersilie oder Pflücksalat	C
		Reihenabstand 0,50 m		Bedeckung mit organischem Material	
Ackerbohnen	A	keine	A	Tomaten ab 20. V.	A
Senf	C	keine	C	Spinat oder Salat, danach Kohlrabi	C
				Bedeckung mit org. Material abgehackter Spinat	
Senf	B	Dill oder Kümmel	B	Rote Rüben	B
				Trennsaat Spinat	
keine Voraussaat	C	Kerbel	C	1. Salate (Frühsorten), diese Reihe bleibt ohne Nachfrucht	C
				Trennsaat Spinat	
Ackerbohnen	A	Dill, Basilikum	A	Gurken	A
				Spinat	
keine Voraussaat	C	Kerbel	C	2. Salate (Frühsommersorten), bleibt ohne Nachfrucht	C
Ackerbohnen	B	Boretsch	B	Frühe Kohlarten, auch Blumenkohl, dazwischen Sellerie	B
Senf	C	Dill	C	Frühe Erbsen, danach Karotten	C
Ackerbohnen	A	keine	A	Spätes Kraut (Spitzkraut), u. a. dazwischen Sellerie	A
Senf	C	Bohnenkraut (einj.)	C	Buschbohnen, Nachfrucht gesäte Kohlrabi	C
				Bedeckung mit organischem Material	
Ackerbohnen oder Senf	B	Dill	B	Pastinaken	B
keine Voraussaat	C	keine	C	Zwiebeln ohne Nachfrucht	C
keine Voraussaat	A	Dill	A	Karotten früh, danach Salate	A
keine Voraussaat	C	keine	C	Zwiebeln, danach Salate	C
keine Voraussaat	B	keine	B	Saatreihe: Lauch zu Setzpflanzen, danach gelbe Rüben	B
Senf	C	Dill und Kerbel	C	3. Salate und Rettiche (Sommerendivien)	C
Senf	A	Bohnenkraut (einj.)	A	Stangenbohnen	A
Ackerbohnen	C	Dill und Kerbel	C	4. Salate (Endivien, Krachsalat, Zuckerhut)	C
keine Voraussaat	B	keine	B	Schwarzwurzeln	B
Ackerbohnen	C	keine	C	Alle Kohlsorten, dazwischen Sellerie	C
Senf	A	Bohnenkraut (einj.)	A	Stangenbohnen	A
keine Voraussaat	C	Dill	C	Rote Rüben, gelbe Rüben oder Salate	C
keine Voraussaat	B	keine	B	Anzuchtreihe Steckzwiebeln, danach Ackersalat	B
keine Voraussaat	C	keine	C	Senf zum Anhäufeln der Kartoffeln Rosenkohl	C
Ackerbohnen	A	Abdeckung m. Comfrey	A	Kartoffeln oder Tomaten	A
keine Voraussaat	C	keine	C	Senf zum Anhäufeln der Kartoffeln Winterkohl	C

Die Farben entsprechen dem nebenstehenden Sä-Phasen-Ablauf, grün = 1. Sä-Phase / rot = 2. Sä-Phase / gelb = 3. Sä-Phase / blau = 4. Sä-Phase

Voraussaaten (Bandsaat) im frühen Frühjahr zur Boden- und Pflanzenpflege – nur bei den grün bezeichneten Reihen, da hier die Hauptkultur (z. B. Gurken, Tomaten) erst später gesät bzw. gepflanzt werden.

Einjährige Kräuter werden mitgesät bei Kulturen, denen sie Förderung und Schutz bringen.

Die letzten drei Reihen bilden eine Kultureinheit: Senf zum beidseitigen Anhäufeln der Kartoffeln.

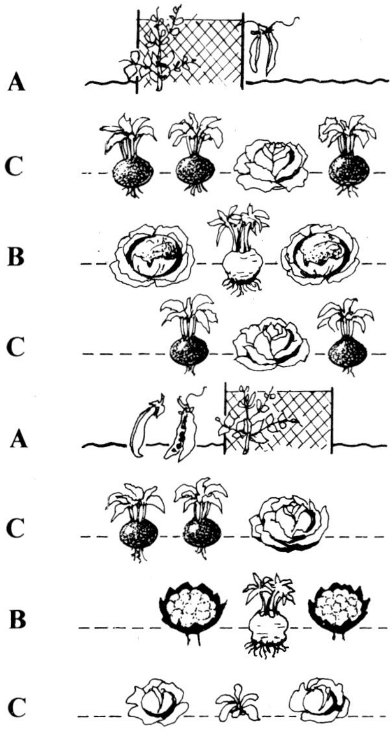

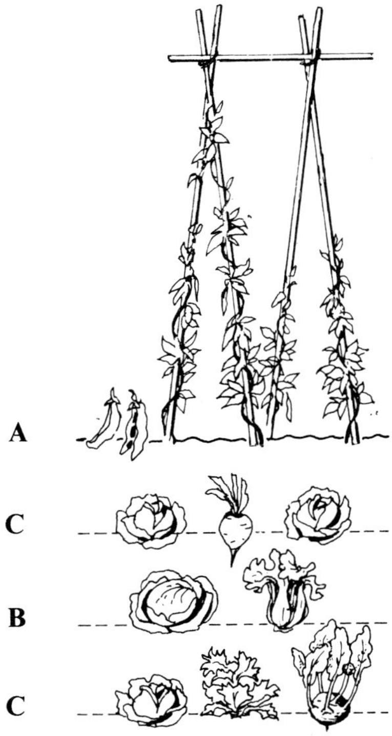

Beispiel 3

A Erbsen, frühe, danach Feldsalat, Voraussaat Ackerbohnen oder Senf
C Rote Rüben, Salat
B Blaukraut mit Sellerie
C Rote Rüben, Salate
A Markerbsen oder spätes Kraut
C Rote Rüben, Salate
B Blumenkohl mit Sellerie
C frühe Salate

Beispiel 4

A Stangenbohnen
C Kopfsalate, Rettich
B Frühkraut oder Mangold
C Kopfsalat, alle Sorten einschl. Endivien, Kohlrabi

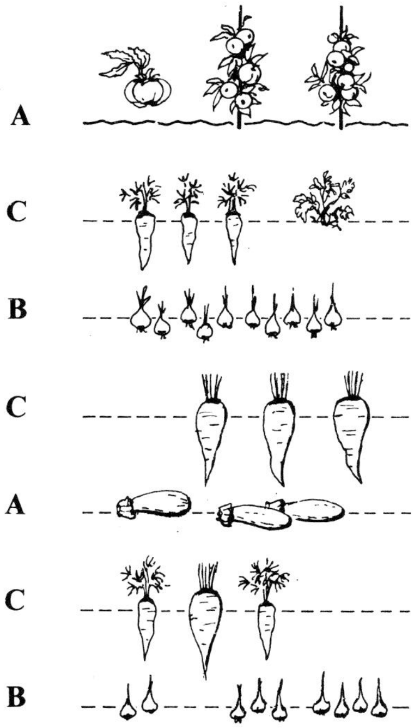

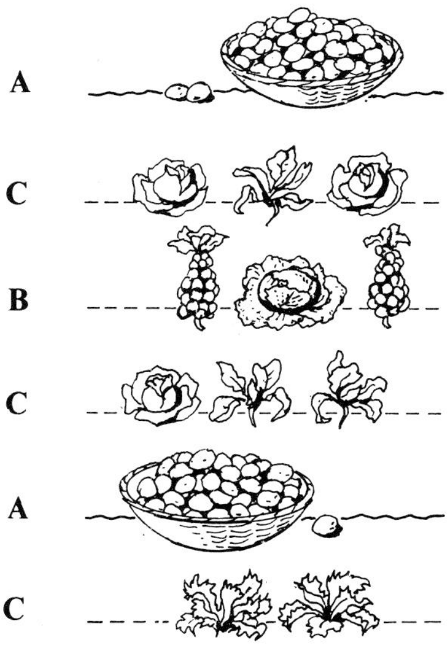

Beispiel 5

A Tomaten, Puffbohnen
C Karotten, Wurzelpetersilie
B Steckzwiebeln (Winterbedarf)
C Pastinake
A Zucchini
C Karotten, Pastinaken
B Saatzwiebeln (Steckzwiebel, aus Samen)

Beispiel 6

A Frühkartoffeln, danach Feldsalat (Voraussaat Ackerbohnen)
C Frühe Salate, Spinat
B reserviert für Rosenkohl und andere Kohlarten für Herbst- und Winterverbrauch, nach Anhäufelung der Kartoffeln
C Endivien (gepflanzt aus Saatreihen)

Gartenprobleme – leicht lösbar durch Mischkultur

Die Abkehr von der beetweisen Monokultur hat auch praktische Gründe. Durch die Reiheneinteilung – die Länge bzw. Wiederholung der Reihen wird durch den Familienbedarf bestimmt – und durch die empfohlenen Reihenabstände ist zunächst für die Gesundheit der Pflanzen Entscheidendes getan.
Die Anpassung an den speziellen Bedarf einer Familie läßt sich durch Variation bzw. Austausch gleichartig wachsender und wirkender Gemüsearten leicht gestalten. Man muß nur beachten, was im einzelnen darüber gesagt wurde, ab Seite 17.

Erntezeiten

Der Mischkulturenanbau mit den empfohlenen Abständen, die Ansteckungen verhüten, bringt außer Pflanzengesundheit noch weitere Vorteile. Besonders günstig ist, daß immer *eine* Reihe, vor allem die der Kurzzeitkulturen, zeitlich gestaffelt zur Ernte kommt und immer neuen Aussaaten Platz macht. In diesem Garten kann man laufend ernten und auch laufend säen. Da vorgezeichnete Reihen immer vorhanden sind, können viele Kulturen direkt ausgesät werden, dort aufgehen und weiterwachsen – ohne jede Wachstumsstockung.

Linke Seite oben: Tomaten im Frühsommer. Erste Nebenfrucht geerntet, die Früchte brauchen mehr Platz. Untersaat Senf, ab hier laufende Kräuterbedeckung um den Fuß der Tomate. Die Blätter sind zur Ernährung notwendig.

Unten: In der ersten Sä-Phase als Steckzwiebeln in Doppelreihe gelegte ›Stuttgarter Riesen‹, also Lagerzwiebeln für Herbst und Winter. Vollreife ist für die Lagerfähigkeit ausschlaggebend!

Ein weiterer Vorteil ist, daß in der Reihensaat dieses Mischkulturengartens die Hausfrau mit der Ernte nachkommt. Hier werden nicht ganze Beete, sondern nur Reihen gleichzeitig erntefähig. Es stehen nicht halbvolle Beete geschossenen Salates oder Blumenkohls im Garten und hindern die Wiederverwendung so lange, bis das ganze Beet abgeerntet ist.
Gemüse aller Art sollten dann geerntet werden, wenn der Höhepunkt des Wachstums erreicht, aber noch nicht überschritten ist. Auch diese Forderung ist leicht erfüllbar. Diese rechtzeitige Ernte, die im Mischkulturengarten mit Reihensaat mühelos erreichbar ist, ist eine seither kaum beachtete Gewähr für gesunde Ernte zur rechten Zeit – auf dem Höhepunkt des Wertes aller Gemüsearten.

Zwiebelanbau

Zwiebeln sind in der Ernährung nicht nur nützlich – sie sind unentbehrlich. Unentbehrlich sind Zwiebelpflanzen der verschiedensten Form auch im Garten, wie schon auf Seite 19 und 32 dargestellt.
Ein bislang nie beachteter Pflanzplatz für Zwiebeln aller Arten sind die Erdbeerreihen bzw. -beete. Das Bild auf Seite 115 mit der Zwiebelpflanze Lauch in Reihen frischgesetzter Erdbeeren zeigt zunächst, daß der Platzbedarf, damit auch der Lichtanspruch, ohne Problem ist. Lauch wird hoch und bleibt schmal, die Erdbeere aber braucht den Boden zum Ausbreiten. Beide leben in einer Art Symbiose mit hervorragender Wirkung. Ganz offensichtlich werden Erdbeeren nicht von Nematoden befallen, wenn Zwiebelpflanzen in der Nähe stehen, die Erdbeeren werden buschig, blühen und fruchten reich. Sie sind auch vor Schimmel geschützt, sofern beachtet

wurde, daß sie eine luftige Lage bevorzugen. Sobald bei Erdbeeren die Luftbewegung gehindert ist, etwa durch Hecken oder Zäune, sind sie schimmelgefährdet. Lauch wird hier und an anderen Pflanzplätzen auf einfachste Weise gesetzt. Die etwas gestutzten Setzpflanzen in Komfreyjauche einstellen, dann mit dem Setzholz ein Loch drehen, die Pflanze nur hineinstellen und angießen. Im Lauf der Zeit wird durch Regen der Boden vollends eingeschwemmt.

Dieser Anbau bringt hervorragende Ergebnisse in Form einer überdurchschnittlichen Lauchernte im Frühjahr. Zur Ernte des Lauches dient ein schmales Gerät, mit dem der Lauch in der Tiefe über dem Wurzelboden abgeschnitten werden kann. Die Wurzel bleibt im Boden neben den Erdbeerwurzeln und kann dort verrotten.

Erdbeeranlagen, die schon mehrere Jahre stehen, werden im Herbst so gesäubert und ausgelichtet, daß dort immer Lauch- oder Zwiebelpflanzen ihren Platz finden. Die Bilder zeigen Erdbeeren und Lauch; auch Erdbeeren und Zwiebeln wären gut möglich. Zwischen Erdbeerpflanzen gewachsene Zwiebeln brachten immer beste Ernten.

Entscheidend für Zwiebel- und Lauchanbau, wie er auf S. 39 gezeigt wurde, ist das Bereitstehen von Pflanzgut. Lauch zieht man in eigener Saatreihe ab Frühjahr an, so kann man bis in den Herbst hinein Pflanzen zu beliebiger Zeit entnehmen.

Damit Zwiebeln (als Steckzwiebeln) nicht nur im Frühjahr wie seither üblich gelegt werden können, sondern auch im Herbst, sollte man bei den ersten Aussaaten im Frühjahr auch Zwiebelsamen zur Steckzwiebelernte säen. Diese Steckzwiebelernte des Sommers wird geteilt: Die Hälfte wird überlagert bis zum Frühjahr, die andere Hälfte legt man im zeitigen Herbst so aus, wie man dies auch im Frühjahr tut. Zur Herbstausbringung sind geeignet die Sorten Stuttgarter Riesen und die Frühlingszwiebel Expreß. In diesem Fall sind Sortennamen genannt, da sie sich im hiesigen Anbau bewährt haben und für andere Sorten keine Erfahrungen vorliegen. Bei Herbstausbringung ergeben sie sehr zeitig im Frühjahr fertige Zwiebeln, die mit den grünen frischen Schlotten hervorragende Vitamin- und Gesundheitsspender sind. Diese frühe Ernte in diesen zwei Sorten steht zur Verfügung, ehe die alte Ernte zu Ende geht (Wintervorrat) und ehe die normale Zwiebelernte im Sommer beginnt.

Oft wird gefragt, warum Zwiebeln so leicht schießen (in Samen gehen). Es kann sich um falsche Sortenwahl handeln. Meist aber, und hierfür liegen viele Erfahrungen vor, sind zu große Steckzwiebeln genommen worden. Steckzwiebeln sollten bis haselnußgroß sein, nicht größer. Es ist besser, zu große Steckzwiebeln auszulesen und in der Küche zu verwenden. Gleichmäßiger Aufwuchs innerhalb der Reihen ist bei Beachtung dieses Ratschlages durchaus möglich.

Ein Qualitätsvergleich selbstangebauter Zwiebeln mit den aus unbekannten Quellen gekauften, besonders was die Haltbarkeit betrifft, fällt immer zugunsten des eigenen Anbaus aus. Vorausgesetzt natürlich, daß jeglicher frischer Dünger vermieden wurde.

So können Zwiebeln das ganze Jahr aus dem eigenen Garten kommen, so wie der Mischkulturengärtner auch das ganze Jahr über grünen Salat – Feld-, Kopf-, Eis-, Endiviensalat usw. – liefern kann.

Tomatenanbau

Viele Gärtner klagen über mangelnde Gesundheit ihrer Tomaten. Die Blätter rollen sich oder fallen ab, die Früchte bekommen Flecken und faulen. Die größten Schäden sind immer da zu beobachten, wo Tomaten in Monokultur gepflanzt sind. Am schlimmsten sind die Schäden, wenn aus irgendwelchen Gründen zu dicht gepflanzt und die nährstoffbedürftige Tomate falsch gedüngt wurde.

Im Mischkulturgarten stehen die Reihen der Tomaten 2 m auseinander. Ist der Bedarf an Tomaten sehr groß, so können die Reihen mitsamt der dazugehörigen Mischkultur wiederholt werden, bis die erwünschte Stockzahl erreicht ist. Diese Tomatenreihen hatten bis zur Auspflanzung eine Voraussaat von Senf oder auch Ackerbohnen und eine Vorausdüngung mit Brennesseljauche. Dank dieser Voraussaat und -düngung, durch die weite Entfernung der Reihen und die Trennung durch die Mischkulturnachbarschaft konnte kaum jemals eine Krankheit vorkommen. Die Luft kann zwischen den Reihen durchstreichen; so entsteht nie eine Schwüle zwischen den Tomatenreihen, die immer Voraussetzung für Krankheitsbefall ist.

Da sich Tomaten eindeutig als Abwehrpflanzen gegen tierische Schädlinge bewährt haben, sollte in der Tomatenreihe, also zwischen Tomatenstock und Tomatenstock, noch eine andere Pflanze kommen, die eine Schädlingsabwehr benötigt: z.B. Kohl in Form von Kohlrabi oder auch Blumenkohl, aber nicht zu groß werdende Arten. Die müssen auch zur rechten Zeit wieder weggehen, weil die Tomate später den Platz ganz braucht.

Entscheidend für den Tomatenanbau ist zunächst die Qualität der Setzpflanzen. Sie müssen dunkelgrün, ganz gedrungen, stabil und kräftig sein und schon einen Blütenansatz oder eine Blüte zeigen. Bei gekauften Jungpflanzen ist dies oft nicht gewährleistet. Aber nicht immer ist es möglich, Tomaten selbst heranzuziehen. Wer es machen kann, der pikiere die gekauften Pflanzen zuerst noch einmal, besonders dann, wenn es sich um Pflanzen in Torferde handelt. Tomaten darf man nie vor dem 20. Mai pflanzen, damit man sichergeht, daß sie keine Fröste mehr bekommen. Sie müssen tief gepflanzt werden, so tief, daß der Blütenansatz handbreit über dem Boden steht. Angegossen wird mit verdünnter Brennesseljauche.

Zu hoch gewordene Setzpflanzen können auch schräg in den Boden gelegt und bis handbreit unter dem Blütenansatz zugedeckt werden. Der obere Teil richtet sich nach wenigen Tagen auf. Nach dem Setzen sät man auf die Tomatenreihe wieder Senf und Ringelblumen. Beide Arten dienen später zur Bedeckung, denn Tomaten sollten ständig in Bedeckung stehen. Wenn dann später mehr Bedeckungsmaterial vorhanden ist, besonders in Form von Heilkräutern, wird man die Tomatenreihe in voller Breite den ganzen Sommer über abdecken.

Da auch die Tomate, wie alle Pflanzen, ihre Blätter braucht, um Erträge bringen zu können, ist es nicht nur sinnlos, sondern widersinnig, Blätter zu entfernen, und dies meist mit dem Hinweis, die Sonne solle die ansetzenden oder schon vorhandenen Früchte erreichen und zur Reife bringen.

Die Tomaten werden eintriebig gezogen: Nebentriebe (»Geize«), die aus den Blattachseln wachsen, werden ausgebrochen. Doch müssen den Tomaten möglichst viele Blätter gelassen werden, die assimilieren und die Pflanze ernähren können. Deshalb kann man die unteren drei bis fünf Geize stehenlassen, bis an ihnen eine erste Blüte kommt. Über dem ersten Blatt nach dieser Blüte werden auch diese Geize gekappt.

Das Blätterverhältnis sollte in Ordnung bleiben, und es wird nun laufend am Haupttrieb ausgegeizt, was in den Blattachseln kommt. Es wird angebunden, so wie es seither auch üblich war. Auf diese Weise sind am unteren Teil des Haupttriebes nicht nur die erste Blüte und bald auch der erste Fruchtansatz vorhanden, es kommen zu ähnlicher Zeit auch Blüten der untersten, erst später gekappten Geize, also vier bis fünf gleichzeitig. So läßt man der Tomatenpflanze so viel Blätter, wie sie zu ihrer Ernährung braucht. Man wird früh im Jahr aber eine große Anzahl Fruchtansätze zählen, die mit Sicherheit reifen. Der Mischkulturengarten ist auch in diesem Fall eine eindeutige, ausgesprochene Hilfe für eine Kultur, die sonst vielfach Sorgen macht.

Immergrüne Kultur und Bodenbedeckung

Da der erfahrene, biologisch denkende Gärtner weiß, daß das Gedeihen einer Pflanze, ihre Gesundheit und ihr Ertrag davon abhängen, wie humusreich und belebt der Boden ist, so wird er zur Bodenverbesserung als erstes den Garten dauernd bewachsen halten. Der durchwurzelte und beschattete Boden liefert den Pflanzen schon frühzeitig und dann laufend die verschiedensten Wirkstoffe, die durch Wachsen und Vergehen bei den Umsetzungsprozessen durch das Bodenleben frei werden. Durch die Pflanzenwurzeln entstehen auch luft- und wasserführende Poren, notwendig für Nährstofftransport und -austausch.
Der so arbeitende Gärtner weiß auch, daß er diesen Boden nicht offen und ungeschützt liegen lassen darf, sondern ihn zu bedecken und zu beschatten und ihm dadurch Schutz zu geben hat. Aus dieser Bedeckung holen sich dann auch die für uns so wichtigen Regenwürmer ihre Nahrung. Immergrüne Kultur und Bodenbedeckung bzw. Flächenkompost sind die Maßnahmen, die allein den Boden merklich und nachhaltig verbessern können.

Voraussaaten

Spinatlinienblatteinsaat und die ersten Kulturen bedecken nur einen Teil des Bodens. Wir haben aber die Möglichkeit, auch den noch leeren Raum zu begrünen: In die noch leeren Zwischenräume zwischen Spinat und Spinat, die noch keine Frühkultur tragen – weder frühen Salat, noch frühen Rettich, noch Möhren –, die erst zu einem späteren Zeitpunkt benötigt werden, machen wir eine bodendeckende Voraussaat.
Wir haben zu diesem Zeitpunkt, wenn Spinat und frühe Kulturen ausgebracht werden, die Möglichkeit, hier durch die Einsaat eines Heilkrautes den Boden durchwurzeln zu lassen, das Wasser zu halten und den Boden zu beschatten; es steht dort, bis der Boden für die vorgesehenen Kulturen benötigt wird. Dazu eignet sich besonders der Senf.

Linke Seite: Beispiel eines korrekt abgedeckten Mischkulturengartens. Gesunde Pflanzen in Mischkultur: Kohl mit Sellerie, Salat mit Kerbel und Radies, Gurken gesät mit Dill und Basilikum. Alle 50 cm breiten Zwischenräume sind bedeckt mit Brennesseln, Kräuterschnitt, Gras – noch besser, wenn vorhanden: abwechselnd mit Häcksel aus garteneigenen Kräutern, Gemüseabfällen und Wildkräutern. Holzanteile im Häcksel verhindern Unkrautaufgang. Setzpflanzen wurden nur angegossen – Regen und Tau reichen später normalerweise aus. Muß gegossen werden, dann nur auf das Bedeckungsmaterial, das als Filter wirkt und die Feuchtigkeit erhält.

Senf als Voraussaat

Der rasch keimende Senf wird ziemlich dicht gesät. Er gibt in wenigen Tagen eine geordnete, dichte, grüne Oberfläche. Der Senf erfüllt alle Anforderungen, die wir an eine Bodengesundungspflanze stellen.
Frühsaat als Voraussaat ist immer äußerst günstig, sie ergibt eine gute Bodendurchwurzelung, wirkt feuchtigkeitserhaltend und wehrt Schnecken und andere Schädlinge ab. Das Heilkraut Senf ist mühelos zu entfernen, wenn wir die Reihen besäen oder bepflanzen wollen. Auch dies sind erhebliche Vorteile.
Entscheidend wichtig ist, daß durch die Mischkultur zu diesem frühen Zeitpunkt im Ablauf eines Gartenjahres die Gemüsearten, die Ernte bringen wollen, als die »Nehmenden«, zusammen mit den »Gebenden« auf einem Gartenstück stehen, sich eindeutig nützen und sich in keinem Fall stören. Auch braucht für sie kein Quadratmeter Boden frei gehalten zu werden. Dies ist allerdings nur in einem geordneten und geplanten Mischkultu-

rengarten möglich. Über den weiteren Verlauf und Wert der Senfpflanze werden wir im Rahmen der Heilpflanzen sprechen.
Der Spinat wächst inzwischen weiter. Die Senfeinsaaten auf diesen Reihen, die bis jetzt noch nicht benötigt wurden, werden allmählich weichen, da die anderen Kulturen gesät oder gepflanzt werden.
Höher als stark handhoch sollte der Senf für unsere Zwecke sowieso nicht werden. Er wurde nur als »Fruchtfolgevorpflanze« eingeschaltet; er hat den Boden vorbereitet und die Reihen unkrautfrei, locker und feucht gehalten, da sie in einem leichten Schatten lagen. Sie können nun jede Pflanzenart aufnehmen, ohne daß der Gärtner Fruchtfolgebedenken haben muß. Senf hat in jedem Fall als Voraus- oder Zwischenfrucht regenerierende Wirkung. Wenn dann also weitere Gemüsekulturen zur Aussaat kommen sollen, wird der Senf abgehackt und liegengelassen. Er stört nicht, wenn eine Rille gezogen wird, um eine Saat einzubringen; er stört auch nicht, wenn ein Pflanzloch ausgehoben wird. Die Wurzeln jeglicher Jungpflanze können sich in diesem belebten Boden gleichmäßig und rasch ausbreiten und haben hier einen guten Start.
In diesem Zusammenhang sei eine Frage angesprochen, die immer wieder auftaucht. In allen Gärten stehen mehrere Kohlarten, dazu noch viele Rettiche und andere Kreuzblütler, zu denen ja auch ein Teil der Blumen gehört. Die meisten Gärten hierzulande aber sind kohlhernieverseucht. Da erscheint es zunächst als Widersinn, ja schädlich, durch die Verwendung von Senf noch einen weiteren Kreuzblütler hereinzunehmen – und dies mit Absicht und Willen. Warum aber empfehlen wir aus jahrelanger Erfahrung trotzdem die Einsaat von Senf?
Wenn auch in der Praxis schon längst nachgewiesen ist, daß Senf – obwohl zur Familie der Kreuzblütler gehörend – nicht verantwortlich zu machen ist für Schäden an anderen Kreuzblütlerarten (z.B. Kohlhernie an Kohl), so muß darüber doch noch etwas gesagt werden. Die Erfahrung hat gezeigt, daß es immer die Wirkstoffe und ihre Ausscheidungen sind, die Nutzen und in wenigen Fällen Hemmungen bringen; daß also nicht die Familienzugehörigkeit einer Pflanze von Bedeutung ist, sondern was gerade diese Pflanze an Wirkstoffen enthält. Die Zusammenfassung aller Kreuzblütlerarten – für andere Familien gilt dies sinngemäß – geschah innerhalb eines Systems, um Pflanzen schneller bestimmen zu können (Linné). Das Pflanzenlexikon sagt eindeutig aus, daß es sich dabei nur um ein Hilfsmittel zur Bestimmung handelt. Die in unserem Raum vorkommenden Kreuzblütlerarten erweisen sich hinsichtlich ihrer Inhaltsstoffe als so verschiedenartig, daß die Zugehörigkeit zur Familie der Kreuzblütler allein nicht genügt, um positive oder negative Auswirkungen vorauszusagen.
In dieser Familie kommen z.B. vor: Nahrungspflanzen (die uns allen bekannten Kohle, auch Rettiche und Raps), Pflanzen, die medizinische Bedeutung haben (zum Beispiel das Löffelkraut, das vor Skorbut schützt), und viele Wildkräuter, die als Heilkräuter anzusehen sind, Pflanzen, die wir als Blumen, besonders Frühjahrsblüher, im Garten haben, und Farbpflanzen bis hin zur »Rose von Jericho«. Diese letztgenannte Pflanze kann nun wirklich kein Gärtner als Kreuzblütler erkennen und als Kohlhernieträger ablehnen; dasselbe gilt für viele Blumen. Deshalb ist diese Gartensorge unbegründet.
Ein weiteres Problem wird oft im Zusammenhang mit Senf angesprochen. Es gibt nicht nur Nematoden schlechthin, sondern vielerlei Arten. Man kann deshalb nicht generell eine nematodenhemmende Pflanze als Abwehr für *alle* Nematodenarten nennen. Man muß die *Art* der Nematoden kennen und wissen, welche Pflanzen gegen diese Nematoden wirken.
Zusammenfassend kann man von Senf sagen: er desinfiziert und regeneriert den Boden, er regt das Bodenleben an, er unterdrückt Nematoden, besonders die Kartoffel-Nematoden, weshalb gerade hier breitwürfige Voraussaat so wertvoll ist. Er läßt den im Garten gefürchteten Nematoden kaum eine Chance. Für alle anderen Pflanzen, auch alle Kreuzblütlerarten, wirkt er nicht negativ, sondern positiv.

Ackerbohne als Voraussaat

Eine andere Möglichkeit der Voraussaat sei aber noch gezeigt: die Voraussaat von Leguminosen, besonders in der Art der Ackerbohne. Diese Voraussaat hat sich als sehr geeignet erwiesen für alle die Gemüsearten, die später im Jahr hinauskommen, alle eine gute Ernährung brauchen und deshalb für eine Voraussaat dankbar sind, die diese Ernährung, besonders mit dem Nährelement Stickstoff, gewährleistet.

Die Ackerbohne (Saubohne oder Pferdebohne, *Vicia faba minor*) ist ein Stickstoffsammler mit tiefgehender Wurzel und reichem Besatz an stickstoffsammelnden Bakterien, die Stickstoff wieder freigeben. Er geht in das Erdreich über und steht allen Nachbar- oder Nachfolgepflanzen zur Verfügung. Ackerbohnenvoraussaat ist eine natürliche Stickstoffdüngung, die die nachfolgenden Pflanzen ausnützen können. Diese Voraussaat macht keinerlei Schwierigkeit. Die Ackerbohne kann sehr früh im Jahr gesät werden, Frühjahrsfröste schaden ihr nicht. Sie wurzelt sehr tief, und wenn man sie höchstens 30 bis 40 cm hoch werden läßt und dann abhackt, ist sie noch weich und verrottet rasch.

Wenn es Zeit ist, die Ackerbohne abzuhacken, also zu dem Zeitpunkt, wo spätere Kulturen, später Kohl und besonders die fruchttragenden wie Tomaten oder Gurken gelegt oder gepflanzt werden sollen, geschieht dies in der vorausgegangenen Ackerbohnenreihe. Der abgeschnittene Rest bleibt liegen. Der Erfolg dieser Voraussaat der Ackerbohne vor fruchttragenden Gemüsearten und auch bei Kohlarten war in den vergangenen Jahren durchweg gut. Der Ertrag der Pflanzen in Stückzahl, Gewicht und Gesundheit lag weit über dem Erwarteten.

Als Gärtner hat man die Beruhigung, über eine weitere Kultur verfügen zu können, die den Garten ausreichend mit Leguminosen, das heißt Stickstoff, versorgt. Die ausreichende Stickstoffversorgung war seither bei der knappen Anzahl der Reihen Bohnen und Erbsen nicht immer gewährleistet.

Andere Voraussaaten

Selbstverständlich sind in der Gartenpraxis auch andere Voraussaaten möglich, z.B. Kresse und noch manche anderen Heilkräuter oder Heilblumen. Die meisten haben den Nachteil, daß sie den Platz für die Hauptkultur zu spät räumen.

Kresse wächst zwar ebenso rasch wie Senf, ist aber ein sehr aggressives Heilkraut! Als Voraussaat ist sie *nur für ganz stabile Nachfolgepflanzen* geeignet, eigentlich nur für die Tomate. Wenn man Kresse als Voraussaat für eine nachfolgende Gurkenreihe nähme, würde die Gurke nach kurzer Zeit absterben. Das gilt auch für andere schwächere Arten der Nachfolgekulturen.

Wenn auch bei manchen Pflanzenarten beobachtet wird, daß sie nicht »nach sich selber gehen«, also nicht selbstverträglich sind, so gilt dies für Kresse ganz besonders. Das zeigt sich schon bei Kresseaussaat im Frühjahr: Man darf niemals ein zweites Mal Kressesamen in dasselbe Gefäß oder die gleiche Reihe bringen, sie ist aggressiv auch gegen sich selber. Neutral und rasch wachsend dagegen ist Phacelia, die als Voraussaat einen dichten, aber leicht zu entfernenden Bodenschutz gibt.

Phacelia – Bienenfreund – ist eine alte, halbvergessene Pflanze, die für den Garten besonders wertvoll ist. Der feine Samen kann sehr früh gesät werden, er geht auch als Wiederholungssaat im Lauf des Jahres immer leicht auf; eine Aussaat ist auch in allen Zwischenräumen leicht möglich. Phacelia bildet rasch einen feinen, gefiederten Teppich, wurzelt tief, beschattet den Boden, versprüht den Regen durch die reichgeteilten Blätter hindurch, ist ein guter Taufänger und -halter und bringt in der Blüte eine zu dieser frühen Zeit sehr willkommene Farbe.

Die Blütezeit hält lange an, Bienenfreund duftet überschwenglich, und in demselben Maße werden Falter und Insekten angezogen, die die Befruchtung bei Gehölzen und Fruchtgemüsen fördern.

Daß aber ganze Wolken von Schwebfliegen,

Oben: Im Frühjahr können wir alle noch unbewachsenen Stellen, beispielsweise zwischen Stauden und Rosen, mit Phacelia einsäen.

Unten: Dieses Wurzelbild der Ackerbohne erklärt, warum sie als Voraussaat so günstig ist. Die stickstoffsammelnde Leguminose gibt den Stickstoff, der in den im Bild sichtbaren Knöllchen lagert, der Nachfolgepflanze als Nährstoff ab. Die Ackerbohne, 15–30 cm hoch, wird abgeschnitten und auf die danebenliegende Bedeckung gebracht.

die als Feinde von Blattläusen gelten, über den Phacelia-Quartieren in der Luft »stehen« und dann gezielt Rosen und Stauden anfliegen und diese von Läusen und deren Eiern reinigen, ist besonders beachtenswert. Wenn also Phacelia als Blütenpflanze die Vermehrung und Entwicklung dieser Nützlinge in so reichem Maß fördert, so bedeutet dies für die Gärten eine sehr wertvolle Hilfe. Die abgeblühten Pflanzen bilden am Ort eine Bedeckung oder einen guten Kompostanteil.

Flächenkompost

Während die eben genannten Voraussaaten (Senf, Ackerbohnen u. a.) wegmüssen, weil an ihre Stelle die nunmehr auszupflanzenden bzw. zu säenden Kulturen wie Tomaten, später Kohl, Gurken kommen, bleibt die abgehackte Spinatreihe ohne Bepflanzung, sie erhält nur Bedeckungsmaterial.
Diese sehr früh ausgebrachte Spinat-Nebensaat zum Schutz der Nachbarpflanze vor Schädlingen – schattenspendend, als Frühkultur zeitig Gemüse bringend, ohne Platz für sich selber in Anspruch zu nehmen, als ordnende Einrichtung praktisch unentbehrlich – zeigt jetzt und weiterhin ihren Hauptwert für den Garten.
Wenn die Spinatblätter nun abgehackt werden, bleibt die weiche Wurzel, die sehr bald verrottet, im Boden. Diese Düngung durch die Wurzelrückstände wurde kaum einmal beachtet. Es wurden bisher nur die Blätter gesehen. Durch die Mischkultur kommen beim Spinat wie auch bei anderen Pflanzen neue Gesichtspunkte hinzu.
Nun hat sich in Jahren der Erprobung außerdem gezeigt, daß Spinat nicht nur eine großartige Vorausdüngung im Mischkulturengarten ist, sondern auch zum Untersäen, etwa auf Baumscheiben oder unter Rosen, nützlich ist. Hier ergab Spinatuntersaat eine dunkle, grüne Baumscheibe. Die Rose wurde durch den Spinat gedüngt und gepflegt, hatte üppige Blüten und lang am Stock haltende frischgrüne Blätter. Spinatuntersaat paßt für alles,

was strauchartig wächst und keinen blanken Boden haben soll. Allerdings muß man auf rechtzeitiges Abhacken achten.
Im Gemüse-Mischkulturengarten ist der Spinat eine sehr gute Unterlage für den entstehenden Flächenkompost. Die blattreiche und sehr saftige Pflanze liegt nun auf dem Zwischenraum zwischen den Gemüsekulturen als Grundlage, als unterste Kompostschicht. Die Blätter bedecken und beschatten den Boden. Die Regenwürmer können sehr früh Nahrung hinunterholen. Die Bodenfruchtbarkeit wird allgemein gefördert.

Der Wald als Vorbild

Wenn im Laufe des Jahres mit allem, was der Garten bietet, dieser Flächenkompost weitergebaut wird, wenn also weiter bedeckt wird, so werden dem Boden wertvolle Stoffe viel rascher und sicherer vermittelt als auf dem Umweg über den Haufenkompost. In der Natur kommt nirgends Haufenkompost vor – es gibt höchstens zusammengewehte Blätterhaufen. Flächenkompost ist die beste Nachahmung dessen, was in der Natur geschieht. Das oft zitierte Beispiel des Waldes soll auch hier stehen. Er bietet ein echtes Vorbild für Flächenkompost. Gerade in Mischwäldern entsteht durch den Blatt- und Nadelfall von selber eine ständig wiederkehrende Bedeckung, benetzt durch fein aufgesprühten Regen, geschützt vor praller Sonne, besiedelt von Tieren, deren Ausscheidungen dort vergehen. Beim Kompost ist dies das Dazutun der »tierischen Komponente«.

Geeignete Materialien

Die Umsetzung über den Flächenkompost geht viel rascher und sicherer als über den Komposthaufen. Man hat nur dafür zu sorgen daß »lebendiges« Material da hinkommt. Es soll nur leicht angewelkt sein, damit die Schnecken nicht angelockt werden, aber so weit frisch sein, daß es noch als Tausammler dienen kann. Man verwendet deshalb kein Stroh und niemals Torf, aber alles, was sonst

Oben: Gepflanzter Frühkohl, vorausgesäter Dill. Gute Bodendeckung, große Gesundheit.

auf einen guten, gebauten Kompost gehört; wenn vorhanden, auch – neben der Grünmasse – verrotteten und vorkompostierten alten Mist, an dessen Stelle ein Düngemittel tierischen Ursprungs treten kann, z.B. Horn-Knochen-Blutmehl oder getrockneter Rinderdung.
Eine weitere Bedeckungsschicht wären Heilkräuter, wieder eine weitere Schicht stellen Hüllblätter von Salaten oder was bei der Aberntung von Gemüsen im Garten anfällt. Eine andere Schicht bilden Wildkräuter, wieder eine weitere Schicht entsteht aus Blumen oder Stauden, je nach Ablauf der Jahreszeit. Und immer sollte durch Gras oder ähnlich flachliegendes Material sauber abgedeckt werden.
Diese Bedeckung ist nun Trittweg geworden. Man kann sie jederzeit betreten, auch in der Regenzeit. In diese Bedeckung hinein wird gegossen, wenn dies notwendig ist und man

das knappe Wasser dazu verwenden kann und will. Auf diese Weise geht das meist harte und kalte Wasser zugleich durch einen Filter. Als Beispiel gilt wiederum der Wald, dessen Boden nie durch einen Platzregen geschädigt wird, weil Bäume und Zweige darüber stehen. Dort wird auch das Wasser erhalten, und die Pflanzengemeinschaft hat es immer verfügbar.

Kohlensäureversorgung der Pflanzen

Wir sagten schon mehrmals daß sich *unter* der Bedeckung ein reges Bodenleben entwickelt. Was bedeuten diese Vorgänge für unsere Ernteerwartungen? Die Pflanzen bauen mit Hilfe der Sonnenenergie aus dem Kohlendioxid der Luft zusammen mit Wasser und den durch die Wurzeln aus dem Boden entnommenen Mineralien ihre Substanz auf. Das ist ein komplizierter Vorgang, auf den wir hier nicht näher eingehen können.

Sehen wir uns jedoch die Quellen für die Kohlensäure einmal an. Sie kommt aus der Luft, ist dort aber nur in ungeheurer Verdünnung vorhanden (nur 0,03%). Die Pflanzen haben zusätzlich noch eine andere Quelle, die sogenannte »bodenbürtige Kohlensäure«; sie entsteht durch die Abbauvorgänge im Boden, die die Milliarden von Kleinstlebewesen leisten. Diese Kohlensäure stammt aus dem, was wir über die Pflanzenreste dem Boden als Mikrobenfutter zuführen. Sie kommt also direkt vom Boden an die Blätter der darüber stehenden Pflanzen und verbessert ihre Kohlensäureversorgung wesentlich.

Als Ersatz für die Steigerung der Produktion »bodenbürtiger Kohlensäure« hat man in geschlossenen Räumen, z.B. in Gewächshäusern, Kohlensäure direkt zugeführt. Das hat Ertrags*zuwachs* gebracht, ist aber eine Kostenfrage und vor allem eine Frage richtiger Dosierung, eine Schwierigkeit, die bei den natürlichen Vorgängen niemals auftritt.

Einleuchten wird, daß ein gewisser Windschutz durch die Staffelung der Wuchshöhen im Mischkulturengarten eine bessere Verwertung der bodenbürtigen Kohlensäure bringt.

Aber auch die Mineralstoffversorgung unserer Pflanzen wird durch die Lebensvorgänge im Boden gesichert. Sie lösen aus dem Bodenmaterial die mineralischen Nährstoffe heraus und führen sie über das Bodenwasser den Pflanzen zu. Viele Kulturpflanzen leben zudem in engerer Gemeinschaft mit Pilzen und Bakterien, die ihnen den Zugang zu sonst verschlossenen Quellen öffnen. Das mag zeigen, wie wichtig die in diesem Buch häufig gebrachten Hinweise auf die Bodenpflege sind.

Die Stetigkeit der Ernährung und Wasserversorgung und der Schutz des Bodens und seiner Anreicherung an Humus ist nun also durch den Flächenkompost gewährleistet. Der Bodenstreifen des Flächenkompostes dieses Jahres gibt im kommenden Jahr den Platz für die Gemüsekultur, da, wie schon erwähnt, die erste Einsaatreihe um 25 cm verschoben wird. Dann erst wird sich zeigen, daß in dem humusreichen Boden Pflanzen mit hoher Schädlingsresistenz und eigenständiger Fruchtbarkeit heranwachsen.

Rechte Seite:
Kohle aller Art werden nach jeder Stoßdüngung anfällig für Krankheiten und raschen Befall mit Schädlingen. Sie müssen deshalb gleichmäßig ernährt werden – wie hier auf sorgfältig abgedeckten Flächen mit geschütztem, aktivem Bodenleben, und möglichst ohne Wässerung. Mischkultur in der Reihe mit Sellerie und Kräutern.

Mischkultur auf Beeten

In den bisherigen Ausführungen wurde immer von einem freien Gartenstück ausgegangen, das wir im Frühjahr beliebig nach unseren Wünschen einteilen können, also die Möglichkeit haben, wegzugehen vom seither Geübten – hin zum Neuen, zur Mischkultur.
Es gibt aber Gartenbesitzer, die nicht von der beetweisen Kultur abgehen wollen, und es gibt Gärten, in denen die Beete mit Platten oder festen Trittwegen eingefaßt sind. Kann auch hier auf die Mischkultur umgestellt werden? Es ist ein Bild eines mit Platten umrandeten, mit Etiketten versehenen und teils schon bestellten Beetes beigefügt; es stammt, wie alle Bilder, aus unserem eigenen Garten. Die Beete waren vorgesehen – und sind inzwischen schon jahrelang auch genützt – für eine besondere Rosenkulturanlage. Bis zur Pflanzung der Rosen wollten wir herausbekommen, worin der Unterschied besteht zwischen beetweiser Mischkultur mit festen Umrandungen und freiem Gartenland, wo man im Frühling nach Belieben anfangen kann. In drei Versuchsjahren haben sich verschiedene Ergebnisse gezeigt.
Wer auf einem so festgelegten Beet Mischkultur betreibt, sollte besonders darauf achten, daß a) die richtige Pflanzengemeinschaft angebaut wird und b) an die Ränder der Beete solche Pflanzen kommen, die kein ausgebreitetes Wurzelnetz haben und die auch wenig Platz brauchen, beispielsweise Lauch, Zwiebeln oder Gelbe Rüben. Der Rand wäre auch der richtige Platz z.B. für Petersilie oder manche anderen niederen Kräuter.
An den Rand gehören aber keine Pflanzen mit großem Wurzelwerk, die in ihrer Wuchsform darauf angelegt sind, sich rundum auszubreiten. Deshalb sollen z.B. nicht an Platten bzw. am Wegrand stehen: Sellerie, der hier leicht rostig würde, insbesondere wenn der Plattenbelag im Sommer Sonnenwärme zurückstrahlt.
Wer sich nicht vorstellen kann, ohne Trittwege auszukommen, der kann – ohne am System der Mischkultur und der Bodenpflege etwas zu ändern – immer im Abstand einiger Reihen auf den Flächenkompost ein Brett zum Treten legen. Wenn genügend Bedeckungsmaterial vorhanden ist, wird dies bald nicht mehr notwendig sein.
Dieses »genügend vorhandene Bedeckungsmaterial« ist entscheidend wichtig, um auch bei beetweisem Anbau den Boden zwischen den Pflanzen bedecken zu können.
Es sollte gerade hier das Wasser nicht verdunsten, sondern gehalten werden. Es sollte auch hier die Möglichkeit bestehen, den Tau aufzufangen, und auch er sollte durch das Bedeckungsmaterial gehalten werden.
Bei beetweisem Anbau haben die Pflanzen weniger Boden zur Verfügung. Diesen Nachteil sollten wir ausgleichen, indem wir dort die beste, nahrhafteste Erde schaffen. Wir können dort auf alle leeren Zwischenräume zum Beispiel den »Regenwurmkompost« bringen, auch halbfertigen, und auch frische Bedeckung, um den in beetweiser Kultur leicht auftretenden Mangel auszugleichen.
Eine empfehlenswerte Blumenmischkultur auf Beeten zwischen Platten ist zum Beispiel: Leitpflanze Rosen in der Mittelreihe, dicht unterpflanzt mit Narzissen in den verschiedensten Sorten (aber keine Tulpen, um nicht Mäuse anzulocken). Als Beetumrandung Salbei: duftend, Bienen anlockend und zugleich Schädlinge abwehrend.
Noch ein Beispiel: Leitpflanze *alte Rosen*, unterpflanzt mit Günsel, als Beipflanzung Taglilien *(Hemerocallis)*, die des größeren Platzbedarfes wegen am besten an die Ecken kommen. Ebenso schön und ausdauernd sind

Auch beetweise Mischkultur ist möglich. Beetbreite mindestens 2 m. Jedes Beet sollte eine geschlossene Mischkulturen-Gruppe bekommen. Auch hier auf die richtige Zusammenstellung achten! Trotzdem hat diese Anbauweise Nachteile gegenüber dem Anbau ohne Platten- und Trittwege. Die positive Nachbarschaftswirkung ist geringer. Größter Nachteil: Ein am Ort sich aufbauender Kompost ist kaum möglich. Bei Plattenbelag ist darauf zu achten, daß nur hitzeliebende Arten am Stein zu stehen kommen, z. B. nicht Sellerie.

in einem solchen Beet Madonnenlilien (*Lilium candidum*) und Diptam (*Dictamnus albus*).
Immer wird ein solches Beet umrandet mit einer ausdauernden Heilpflanze: neben dem genannten Salbei auch Lavendel, Ysop oder Thymian. So kann eine bescheidene Mischkultur auf Beeten auch im Blumenteil durchaus für Schönheit und Gesundheit mit Hilfe der Heilkräuter sorgen.
Es ist also durchaus möglich, bei schon bestehender Beeteinteilung für Gemüse oder Blumen Mischkultur mit all ihren Vorteilen durch die gegenseitige Unterstützung der Pflanzen anzuwenden. Wer noch frei entscheiden kann, sollte jedoch die viel vorteilhaftere durchgehende Mischkultur mit mühelosem Fruchtwechsel vorziehen!

Boden und Düngung – Grundlagen des Pflanzenwachstums

Bodenzustand – gepflegt und ungepflegt

Zwischen den Böden unserer Gärten gibt es große Unterschiede, und jeder Gärtner meint, er habe einen »besonders schwer zu bearbeitenden Boden«. Die Böden unterscheiden sich z. B. im Kalkgehalt, sie sind kalkhaltig (alkalisch) oder kalkarm (sauer); sie sind je nach Sand- und Tongehalt schwer oder leicht, haben verschiedene Humusgehalte, liegen eben oder am Hang, sind windgeschützt oder dem Wind ausgesetzt – und so weiter.
All das beeinflußt die naturgegebenen Abläufe und zwingt zur Überlegung, ungünstige Voraussetzungen zu mildern oder günstige in besonderer Weise zu nützen. Wie Landwirte und Gärtner können auch Gartenbesitzer ihren Boden untersuchen lassen. Das Ergebnis der Untersuchung sagt ihnen, wie der Boden beurteilt wird, welche Nährstoffe fehlen und mit welchen Stoffen in welchen Mengen gegebenenfalls nachzudüngen ist.
Die meisten Gärtner und Gartenbesitzer sind wie gesagt mit ihrem Boden unzufrieden, so wie sie ihn antreffen, wenn sie einen Garten übernehmen oder auf Brachland oder Bauland neu anlegen müssen. Wenn man auch viel für einen Boden tun kann, so sollte man doch wissen, daß er sich letztlich nicht endgültig ändern kann. Bleibt er sich selbst überlassen, so fällt er, auch wenn er jahrelang bearbeitet wurde, in seinen ursprünglichen, durch seine Entstehung nach Klima und Erdgeschichte (Geologie) bedingten Zustand zurück. Wird er wieder in Kultur genommen, so braucht er eine dauernde aufbauende Pflege durch sich laufend wiederholende Maßnahmen. Unter schwierigen Anfangsbedingungen, insbesondere wenn noch kein Vorrat garteneigenen Materials angefallen ist, sollte man die im Handel angebotenen Hilfsmittel organischen Ursprungs verwenden. Auf armen Sandböden kann, wenn Bodenuntersuchungen einen Mangel anzeigen, für den Anfang eine Grunddüngung mit Phosphat- und Kalidüngern zweckmäßig sein.
Ein Tonboden kann immer wieder so aussehen, wie es das Foto auf der linken Seite zeigt, wenn er nicht gepflegt wird, d. h. wenn der Humusanteil nicht entscheidend vermehrt und immer wieder aufgefüllt wird. Der gleiche Boden kann aber auch so aussehen, wie es das zweite Bild zeigt: durchwurzelt, regenwurmdurchsetzt. Wenn so viele Gärtner mit ihrem Boden unzufrieden sind, so taucht die Frage auf: Was kann beim Gärtnern so falsch gemacht werden, wie kann überhaupt ein Boden so gestört werden, daß er nicht mehr belebt und fruchtbar ist?

Linke Seite oben:
In das gelockerte, wellige, nicht glattgeharkte Land wird Senf breitwürfig eingesät. Dies kann oftmals bis in den Oktober hinein geschehen.

Unten links: Spatentiefe Einstiche im Frühjahr zeigen einen dunklen, humusreichen Boden. Er war seit Jahren ständig mit Flächenkompost bedeckt.

Unten rechts: Derselbe Boden ohne diese Bodenpflege. Aufgenommen nach schwerem Regen und nachfolgender Hitze.

Was alles schädigt den Boden?

Ein Teil dessen, was *für* den Boden geschehen kann, wurde in den letzten Kapiteln angesprochen. Nun sei aber einmal aufgeführt, was ihn stören und auch verderben kann.
Zunächst ist es das übliche Leerstehenlassen des Bodens, wie bei er seitherigen Methode des Umgrabens im Herbst und Liegenlassens über Winter, bis zur neuen Kultur im Früh-

jahr. In vielen Gärten liegt der Boden bis Ende Mai, wenn es Zeit ist, die späten Kulturen auszubringen, ungeschützt da. Dieses Liegenlassen des unbebauten Bodens kommt auch bei Anbau in Monokultur vor, wo er weder durch Nebenpflanzen noch durch Bedeckung beschattet wird. Ein Beispiel sind die modernen Rebanlagen, die durch Abschwemmung und Minderung des Humusanteils im Boden geschädigt werden. Gefährdet ist der Boden also immer dann, wenn er einem Platzregen oder starker Sonnenbestrahlung schutzlos ausgeliefert ist.

Ein Boden wird auch gestört durch den schonungslosen Eingriff des Menschen. Der Gärtner ist gewohnt, oft zu hacken, auch grob zu hacken, er ist gewohnt zu schoren oder umzuspaten; auch das ist ein schonungsloser Eingriff, wenn er die untere, noch leblose Schicht umdreht und nach oben bringt und die im Laufe eines Jahres entstandene humusreiche, belebtere Oberschicht hinuntergräbt.

Man kann den Boden auch stören durch den Versuch, einen Schaden an den Pflanzen direkt heilen zu wollen durch Behandlung mit scharfen Mitteln, ohne zu bedenken, daß eine Heilung nur aus dem Boden selber und durch richtige Bepflanzung kommen kann.

Zur Belastung für den Boden kann es zum Beispiel kommen, wenn die Bäche, die in der Nähe eines Gartens vorbeilaufen, rigoros begradigt bzw. verdolt werden, wenn Hecken und Bäume entfernt werden und der seither gewohnte atmosphärische Austausch nicht mehr vorhanden ist.

Man kann den Boden ferner schädigen durch Überdüngung, durch Düngung zur Unzeit und selbstverständlich durch Anwendung falscher Düngemittel, auch rein biologischer Düngemittel, wenn man das richtige Maß verliert.

Auch mit frischem Mist und noch mehr mit frischer tierischer Jauche – beides biologische Mittel! – kann man Schaden anrichten. Wenn frische Jauche direkt ausgebracht wird, kann man häufig an den nach oben kommenden und hier sterbenden Regenwürmern die negative Wirkung sehen. So gut gemeint diese Maßnahme gewesen sein mag, so wird es lange Zeit brauchen, bis der Boden wieder in Ordnung kommt.

Man kann den Boden stören durch Gießen mit kaltem, mit hartem, auch mit chlorhaltigem Wasser. Ganz besonders aber wird er gestört, wenn man ihn unüberlegt beregnet. Es kann nicht ausbleiben, daß er dann verhärtet, ganz abgesehen von dem Schaden an den Pflanzen. Bei Feldgemüsebau läßt sich sogar nachweisen, daß allmählich die Humusschicht abgebaut wird und ein harter, rissiger Boden daliegt, wenn nicht mit hohem Einsatz durch Zufuhr organischer Masse dagegen gearbeitet wird.

Man kann den Boden stören durch Festtreten, besonders bei feuchtem Wetter. Das gilt besonders für das Frühjahr: den Boden nicht betreten, solange er noch feucht ist! Das Hinausschieben einer Saat, wenn man die Abtrocknung des Bodens abwartet, wird durch die raschere Entwicklung der Pflanzen wieder ausgeglichen. Die Samen kommen jetzt in eine belebte Bodenschicht, die nicht verhärtet, sie keimen rasch und gehen gut auf. Es ist in keinem Fall von Vorteil – und das wird sich im Laufe des ganzen Jahres nachweisen lassen –, wenn man im Frühjahr zu früh beginnt. Die Verdichtung des Bodens in diesen Reihen ist noch im Herbst feststellbar.

Nicht zu übersehen ist auch die Gefahr für die gute Bodenstruktur durch Bodenbearbeitungsgeräte, z.B. Fräsen, die zu schwer sind oder nicht zeitgerecht eingesetzt werden.

Man kann den Boden schließlich schädigen durch Vernichtung von Lebewesen, die im Garten beheimatet und niemals wertlos sind, sondern in ihrer Wechselwirkung – kommend und vergehend, fressend und gefressen werdend – entscheidend wichtig sind für Aufbau und Belebtheit eines Bodens. Diese Vernichtung von Lebewesen kann auch geschehen, wenn der Gärtner meint, er könne im Garten zwischen Schädlingen und Nützlingen klar unterscheiden, welche Lebewesen er vernichten will und welche nicht. Darüber noch mehr bei »Tiere im Garten«.

Der biologisch denkende Gärtner wendet selbstverständlich keine chemischen Insek-

ten- oder Unkrautvernichtungsmittel an. Es kann aber sein, daß er einen Garten übernimmt, der in den Jahren davor mit solchen Mitteln behandelt worden ist und er nun dieses Erbe anzutreten hat. Er wird sich bemühen, diese Schäden künftig zu vermeiden und den Boden pflegen.

Haufen- oder Mietenkompost

Neben dem Flächenkompost, der als Nachahmung der Naturvorgänge den optimalen Erfolg in kurzer Zeit bringt, ist oder war des Gärtners wichtigste Hilfe allein der Haufen- oder besser Mietenkompost. Wenn gesagt wurde, dieses Verfahren sei die Abkürzung eines Reifeprozesses, zu dem die Natur sehr lange Zeit brauche, so sahen wir im Kapitel »Flächenkompost«, wie dieser Umsetzungsprozeß noch rascher und unmittelbarer vor sich gehen kann. Der Haufen- oder Mietenkompost aber hat nach wie vor seinen Platz im Garten. Man braucht ihn immer noch für die verschiedensten Zwecke, aber es häufen sich auch Jahr um Jahr die Klagen, mit dem Kompost komme viel Unkraut in den Garten.
Es gibt viele pflanzliche Abfälle, die sich nicht zur direkten Bedeckung als Flächenkompost eignen: Erbsenstroh, sperrige Kräuter und Blumen, dünne Zweige u.v.a.m. Diese werden zunächst auf einem Sammelplatz gelagert, bis es Zeit ist bzw. bis man Zeit hat, den Komposthaufen aufzubauen. Ein Kompoststarter ist dann eine gute Hilfe. Trotzdem dauert es Monate bis zum Fertigkompost.
Nicht nur aus Gründen der Wiederverwertung ist der Komposthaufen neben dem Boden wichtigstes biologisches Mittel für gesunden Gartenbau. Sein Wert ist mit Recht unbestritten. Doch ist Kompost in der Form des an Ort und Stelle gebildeten Flächenkompostes dem aus Haufenkompost in die Kultur gebrachten Produkt weit überlegen. Das hat tiefere Gründe.
Die Bedeckungsschicht des Flächenkompostes hat unmittelbaren Kontakt mit den Substanzen des Bodens, sie ernährt nicht nur die Regenwürmer und unzählbare andere Lebewesen im Boden – Flächenkompost bildet ein Kleinklima, und es ergibt sich ohne Verlust wertvoller Stoffe eine Umsetzung, wie die Natur sie selbst vollbringt. Jede Phase verläuft auf dem Boden, also »an Ort«, und die Umsetzungsprodukte werden sofort vom Boden angenommen und zu »neuer Erde«.
Im nächsten Jahr finden die Pflanzen einen unverbrauchten, mit allen notwendigen Stoffen angereicherten Boden vor. Es ergibt sich eine hochaktive Gareschicht, und bei sich wiederholenden, aber abwechselnd aufgelegten Schichten ist die obere grüne Schicht Tausammler und Tauspeicher.
Die Schichten schützen den Boden vor Licht, heißer Sonne und starken Niederschlägen, können durch das entsprechend gewählte Material zu gezielter Schädlingsabwehr dienen, und durch die Möglichkeit, mit Abwehrpflanzen abzuwechseln, kann Flächenkompost zur echten Schädlingsvorbeugung werden.
Dieser dann im nächsten Jahr fertige »Kompost an Ort und Stelle« bringt größte Schädlingsresistenz, wirkt durch die laufende Erneuerung aller Bodenmüdigkeit entgegen – es besteht keinerlei Nematoden- und Kohlherniegefahr mehr –, und es zeigen sich keinerlei Abbauerscheinungen.

Häcksel

Es gibt aber noch ein anderes Verfahren der Bodenverbesserung. Das ist die Herstellung eines sogenannten Häcksels, also die Zerkleinerung alles gröberen und härteren Kompostmaterials mit Hilfe eines käuflichen Geräts oder als Handarbeit.

Zusammensetzung

Im Ablauf eines Gartenjahres wird das zum Häcksel geeignete Material gesammelt und je nach Anfall von Zeit zu Zeit gehäckselt. Es wird frisch oder etwas angewelkt, doch ehe eine Verrottung eintritt, verarbeitet. Das Häckselmaterial liefert der Garten: alles was an Stengeln, Kräutern, Stauden und Zweigen anfällt.

Die Häckselmischung, die man wie jeden Flächenkompost oder Kompost mit Steinmehl, evtl. auch mit einem organischen Düngemittel tierischer Herkunft anreichert, wird ausgebracht, nachdem sie sich mit Hilfe von etwas beigemischter Grünmasse, z.B. frischem Gras, erhitzt hat. Die Samen von Unkräutern werden durch die Erhitzung keimunfähig gemacht, und nach kurzer Zeit, wenn der Haufen abgedampft ist, siedeln sich Regenwürmer an und vermehren sich dort rasch in unzählbarer Menge. Damit dieser Häcksel recht gut und vielseitig wird, holen wir dazu noch Wildpflanzen herein, die vielleicht nicht mehr in unseren Gärten wachsen. Auf den kalkreichen Böden Süddeutschlands ist das z.B. der Holunder, der laufend und in jedem Wachstumszustand mit zerkleinert werden kann. Holunder ist der beste Abwehrer gegen Maulwürfe und Wühlmäuse.

Wir holen neben Rainfarn *(Chrysanthemum vulgare)* Farne aus dem Wald, soweit sie nicht geschützt sind, weil Farnkraut Ungeziefer und im Garten Schädlinge abhält und außerdem Kali mitbringt. Wir denken auch an Schafgarbe, Schachtelhalm und an dünne Zweige der Heckenrose. Wer es richten kann, nehme noch etwas Haferstroh. Dies alles macht den Häcksel leicht und luftig.

Vielleicht hat der Leser das Glück, einen Landwirt zu kennen, der Ackerbohnen baut, also *Vicia faba*, die schon als Voraussaat genannt wurden, um sich von ihm im Herbst Ackerbohnenstroh erbitten zu können. Ackerbohnenstroh ist eiweißhaltig, sehr mürbe, verrottet rasch und ist guter Zusatzdünger.

Weil so viele abwehrende und schützende Pflanzen verwendet wurden, finden sich keine Schnecken und auch keine sonstigen Schädlinge auf dieser Bedeckung. Schon die Beschaffenheit des etwas rauhen Häcksels verhindert das. Der Pflanzenbestand neben dieser Bedeckung ist gleichmäßig und gesund.

Der Häcksel zur Bedeckung von Waldpflanzen, also Erdbeeren, Himbeeren und selbstverständlich Rosen, sollte nach Möglichkeit grüne Nadelbaumzweige enthalten, als Waldhäcksel für Waldpflanzen. Waldpflanzenhäcksel soll selbstverständlich nicht nur aus Zweigen von Nadelbäumen bestehen, sondern mit den anderen oben genannten Materialien gemischt werden.

Es ergibt sich von selber, daß sich in diesem zusammengetragenen Häckselmaterial auch viele holzige Teile befinden, z.B. Ranken von wilden Rosen und dünnere Zweige, bis hin zu

Linke Seite: Überblick zur Rosen- und Rittersporn-zeit. Alle Reihen sind zum erstenmal bestellt. Teilweise geerntet: Radies, Schnittsalate usw. Anderes kommt zur Ernte: Kopfsalat, zarte Rote Rüben, Möhren, Frühlingszwiebeln, Kohlrabi. Alle Zwischenräume sind bedeckt und als Trittweg zu benutzen. Nach Aberntung fortlaufende Neubestellung auf den abgeernteten Reihen.

daumendicken, also Holz in verschiedener Art. Nun wissen wir aus Erfahrung, daß das Lignin, ein Holzbestandteil, das Wachstum hemmen kann. Deshalb muß Häcksel mit größerem Holzanteil auf gesondertem Haufen gelagert werden, damit er für spezielle Anwendung bereitliegt: Rosen, Erdbeeren, Himbeeren, also für Waldpflanzen. Einen geringeren Holzanteil aber darf jede Häckselmischung enthalten. Als obere Schicht auf dem Flächenkompost ist die Keimhemmung für Unkrautsamen nützlich.

Im Verlauf der weiteren Verrottung des Flächenkompostes ist die Mischung mit geringen Holzanteilen für die Vorbereitung günstiger Bodenverhältnisse im nächsten Frühjahr äußerst vorteilhaft.

Wer gewohnt ist, auch im Garten systematisch zu arbeiten, der schreibe sich jeweils genau die Mischung des einzelnen Häckselhaufens auf, er kann dann je nach Zusammensetzung den verschiedenen Pflanzen die geeignete Bedeckung zuteilen.

Verwendung

Dieser Häcksel, diese zerkleinerten Pflanzenmaterialien aus dem Garten – aufgesetzt, erhitzt und wieder abgedampft –, werden im Laufe des Jahres als Bedeckung verwendet; und zwar im Gemüsegarten auf denselben Reihen, wo unten der Spinat und nacheinander und übereinander dann Gemüseabfälle, Kräuter, Wildkräuter und was der Garten hergab, gelegen haben.

Im Herbst, gegen Ende des Sommers, bringt man zweckmäßigerweise das in großen Mengen anfallende, gehäckselte Material dahin, wo man sowieso Kompost aufbringen würde: auf Baumscheiben, auf Rosenbeete, auf Lilienbeete, zu Himbeeren, zu Erdbeeren, also dort, wo im Frühjahr eine Einsaat nicht geplant oder nicht möglich ist. Bei beginnender Frühjahrswärme kann sofort die Verrottung weiterschreiten oder einsetzen und den Gewächsen Nahrung und Schutz geben. Eine Erwärmung auch dieser letzten Häckselhau-

Oben: Junger Kohlrabi in C-Reihe oder als Vorkultur in A-Reihe, im Vordergrund abgehackter Spinat als Bodendecke.

Unten: Dieser Kohl wurde in ausgehackte Lücken einer Ackerbohnenreihe gepflanzt. Den Stickstoffsammler Ackerbohne aber nicht wahllos verwenden, denn alle Kohle werden bei Überversorgung mit Stickstoff sofort anfällig für Schädlinge und Krankheiten.

fen gelingt noch bis in den späten Herbst, so daß man keine Sorge zu haben braucht, keimfähige Unkrautsamen mit auszubringen.

Wenn im Frühjahr in Lilien- oder Irisbeeten, die im Herbst mit einem solchen Häcksel abgedeckt wurden, doch Unkraut aufkommt, was vorkommen kann, so läßt sich auch ein schwieriges Unkraut, wie etwa der Giersch, aus dem durch die Bedeckung locker gewordenen Boden leicht herausziehen.

Mit seinem ganz besonders schützenden, und später dann düngenden und abwehrenden Wert eignet sich Häcksel auch zur Abdeckung mancher Topfpflanzen. Es geht dann ohne Gießrand, denn das Wasser, das man in die Töpfe oder Kübel gießt, kann nicht überschwappen, sondern dringt langsam durch diese schützende Bedeckung hindurch. Besonders wichtig ist das bei der Überwinterung dieser Pflanzen nicht nur deshalb, weil die mitgebrachte Feuchtigkeit lange erhalten bleibt, sondern weil das Gießwasser beim Durchsickern auch Nährstoffe löst. Auch hier ist bald zu sehen, daß die Blätter sehr viel satter grün werden und einen frischen Eindruck machen.

Häcksel kann nur immer *neben* Pflanzen aufgebracht, aber nicht in Saatreihen verwendet werden; nur neben Pflanzen, die *schon verwurzelt sind*. Man kann also nicht direkt in den Häcksel säen, man kann nicht hineinpikieren, man kann auch nicht in den Häcksel hineinpflanzen, also z.B. ein Pflanzloch für Rosen damit füllen. Etwas sei ganz besonders betont: Man verwechsle nicht reife Komposterde, die durch mehrmaliges Umschaufeln eines Komposthaufens entstand, die erst nach Monaten siebfähig ist und sich für Saatrillen eignet – *man verwechsle diesen Fertigkompost nicht mit dem Häcksel!* Dieser so wertvolle Häcksel ist ja erst ein *»werdender Kompost«*. Im Jahr darauf wird der Gärtner den Erfolg erleben, und zwar in seinem ganzen Garten und bei allen Kulturen, die er damit bedeckt hat.

Bedeutung des Häcksels für die Bodengesundheit

Da diese gehäckselte Mischung, sofern es sich um einen vielseitigen Anbau im Garten handelt, an Wert und Gehalt mitbringt, was die Pflanze auch für Abwehr und Schutz braucht, ist die Wirkung außerordentlich groß.

Das Häckselbedeckungsmaterial verrottet gleichmäßig und gut, auch rasch, so daß in kurzer Zeit humusreicher Boden daraus wird. Nie ist die Pflanzengesundheit so auffallend, nie der Ertrag so gut wie nach einer Flächenkompostierung dieses zerkleinerten Kompostmaterials.

Im Kapitel über die Kräuter ist ausführlich zu lesen, welchen Gesundheits- und Abwehrwert die einzelnen Arten haben. Wir wissen um die Abwehrkraft des Wermuts und des Salbeis, vom Wert der Brennessel als Düngung, als Abwehr bei vielerlei drohenden Schäden, wir wissen von der Vermittlung von Kieselsäure und viele andere mehr.

Wir kennen den Wert der Senfpflanze, die nematodenhemmend wirkt, den Wert der Zwiebelpflanze, die auch hier verwertet werden kann und als Pilzabwehrer wirkt. Alle diese Hilfen der einzelnen Pflanzen bringt dieses gehäckselte Mulchmaterial direkt in den Garten und fördert die Kulturen auf vielerlei Weise.

Die manchmal gestellte Frage, ob man sich durch die Bedeckung nicht Mäuse herziehe, kann verneint werden, besonders dann, wenn Holunder mitgehäckselt wurde.

Es ist nur immer wieder zu raten, einen vielfältigen Anbau zu planen, und zwar unter Beachtung des *Gehalts der Pflanzen*, und alles, was im Garten wächst, dort auch irgendwie wieder zu verwenden.

Haushalten mit Wasser und Wässerung

Im Einleitungskapitel wurde gesagt, der Gärtner sei mit verpflichtet, die noch vorhandenen Bodenschätze zu schonen, das heißt sowenig wie möglich davon zu vergeuden. Das gilt auch für das Wasser.

Jede Pflanze braucht zu ihrem Wachstum Wasser. Auch der werdende Kompost braucht Wasser, hier aber genügt in der Regel der Regen; normalerweise genügt das Regenwasser, das sich im Flächenkompost und im Boden darunter speichert und den Pflanzen lange zur Verfügung steht. Auch der Tau, den wir in der richtigen Form des Flächenkompostes einfangen, sorgt mit für genügend Feuchtigkeit.

Manchmal aber wird man doch froh sein, wenn man Wasser zur Verfügung hat und die Pflanzen wässern kann. Ich sage ausdrücklich »wässern«, ich sage nicht »gießen«, ich sage niemals »sprühen«. Wenn also gewässert werden muß, so geschieht das über den Flächenkompost, der als Filter dient. Man sollte sich merken: Nie die Pflanze direkt gießen, besonders niemals über die Blätter brausen, um von vornherein Pilzbakterien zu unterbinden! Außerdem nehmen ja die Pflanzen das Wasser nicht durch die Pfahlwurzeln oder dicken Wurzeln auf, sondern durch die feinen unter der Oberfläche wachsenden Seitenwurzeln.

Da wir nicht nur nasse Jahre erlebt haben, sondern auch sehr trockene, so konnten wir genaue Beobachtungen anstellen. Es genügt, über den Oberflächenkompost zu wässern. Man kann sich sogar helfen, indem man den Gartenschlauch auf die Bedeckung legt und so eine langsam, aber gleichmäßig wirkende feuchte Umgebung für die Pflanzen schafft.

Das Gießen mit der Kanne ist sehr anstrengend, auch ist man zu sehr versucht, die Pflanzen über das Blatt zu brausen. Es ist ganz sicher, daß manche Krankheiten (also etwa der Mehltau) eindeutig dadurch entstehen. Ganz ausgeschlossen sollte in einem biologischen Garten eine Beregnung sein. Das wäre genau das Gegenteil von dem, was die Natur uns vormacht. Regen wirkt anders als Wasser aus der Leitung, und deshalb kann Wasser aus der Leitung niemals Regenwasser ersetzen.

Sollte es einem Gärtner aber möglich sein, Regenwasser zu sammeln, so hat er damit ein für die Pflanzen besonders vorteilhaftes Wasser. In der Regel aber wird man mit dem Wasser, das aus der Leitung kommt, zufrieden sein müssen. Wasser ist selbstverständlich notwendig und unentbehrlich zum Angießen aller gesetzten Pflanzen. Es ist auch notwendig zum Ansetzen aller pflanzlichen Brühen und Jauchen.

Wasser soll aber nicht verbraucht werden zum Anfeuchten einer Saatrille oder zum Überbrausen eines Saatbeetes. Beides geschieht meist in der Hoffnung, den Samen leichter zum Keimen zu bringen. Es ist aber zweifellos richtiger und besser, den Samen so, wie er ist – je nach Größe mehr oder minder tief –, zu säen und gut zuzudecken und ihn dann dem Gartenboden zu überlassen.

Die stoßweise Anfeuchtung der Erde und damit eines Samenkornes regt wohl den Keim an. Doch: ohne die Sicherheit zu haben, laufend für Feuchtigkeit sorgen zu können, ist es weit besser, der Natur zu vertrauen und zu warten, bis der Samen durch Regen und Luftfeuchtigkeit zum Keimen und Wachsen kommt und nicht inzwischen trocken liegt und abstirbt.

Als Beispiel sei der schwer keimende Petersiliensamen genannt: Man muß oft lange warten, bis er kommt. Keinerlei Schwierigkeiten im Aufgang aber macht er, wenn der reife Samen von selbst ausfallen und ruhig dem Tag entgegenschlummern darf, bis »seine Zeit ge-

Die Gemeinschaft Lein und Mohn ist empfehlenswert: Die Farben steigern sich, harmonieren oder kontrastieren – je nach Arten und Sorten. Alle Mohne sind immun gegen Schneckenfraß und dulden auch keine Schnecken unter sich.

kommen ist«. Ein einzelner Regenguß genügt nicht, Luft und Boden müssen gleichermaßen feucht sein.

Besonders erhärtet sind diese Beobachtungen bei Zweijahresblumen wie Akelei, Vergißmeinnicht, Lein und anderen, die sogar als abgeblühte Pflanzen mit reifem Samen in der Kapsel auf den trockenen Boden gelegt werden können. Immer gehen diese Samen sicher auf, ohne daß einmal gegossen wurde, oder besser: weil nicht gegossen wurde. Ihr Wachsen wird nicht unterbrochen, und die empfindlichen Jungpflanzen sterben nicht ab, weil kein Wasser nachfolgte.

Wassersparen und ausreichende Versorgung der Pflanzen mit Feuchtigkeit hängen eng zusammen mit Bodenbedeckung, Voraussaaten und Mitansaaten, die den Boden feucht halten. Das ist im Kapitel »Immergrüne Kultur und Bodenbedeckung» nachzulesen.

Im Zusammenhang mit den »ungegossenen« Saatrillen, wie die Beispiele der Zweijahresblumen zeigen sollten, wird der biologisch denkende Gärtner auch das Aufgehen und Kommen von Wildkräutern neben den Saatreihen als Schattenspender und damit Feuchtigkeitserhalter schätzen und so lange dulden, bis sie zu Pflanzen werden, »die am falschen Platz stehen« – also stören.

Die Vermehrung der Regenwürmer im Mischkulturengarten

Es wird nicht lange dauern, bis der Mischkulturengärtner, der nach diesen Anleitungen arbeitet, einen auffallend starken Besatz an Regenwürmern in seinem Gartenland feststellt. Dies hat er erreicht, weil sie das ganze Jahr über genügend Nahrung vorfinden.

Mancher Leser hat vielleicht vermißt, daß in diesem Zusammenhang mit der Bedeckung ein Platz für die Küchenabfälle genannt wurde, für verrottbare Küchenabfälle, die schon im Haushalt sorgfältig von unverrottbaren Materialien getrennt werden. Theoretisch könnte dieser verrottbare Küchenabfall auf den Flächenkompost kommen. Das wäre ein Vorteil für die Regenwürmer, hätte aber andere Nachteile aufzuweisen. Erfahrungsgemäß suchen Tiere, die im Garten leben – Hund und Katze einbezogen –, nach für sie Verwertbarem. Sie scharren, und das bringt ständige Unordnung und auch manchmal Schaden.

Richtiger ist es, diese verrottbaren Küchenabfälle – also allerlei, was schon in irgendeiner Form aufgeschlossen und leichter verrottbar ist – auf einen gesonderten Komposthaufen zu bringen und sorgfältig abzudecken.

Wenn dieser Komposthaufen so liegt, daß man in jeder Jahreszeit und bei jedem Wetter Zugang hat, also immer für Nachschub sorgen kann, so wandern dort in ganz kurzer Zeit Regenwürmer ein, und durch dieses so überreiche Angebot an Nahrung vermehren sie sich so rasch und so reichlich, daß diese Mischung aus Regenwürmern und Erde in Abständen in den Garten gebracht werden kann, entweder direkt auf die Reihen des Flächenkompostes, wo die Würmer sofort in die Bedeckung kriechen und weiterfressen, oder in eine abgekühlte Kompostmiete oder in einen abgekühlten, evtl. noch etwas warmen, Häckselhaufen.

Für Stadthaushalte, deren Gärten weiter vom Haus entfernt liegen, gibt es Regenwurmtonnen. Beim Entleeren muß ein Rest Würmer zurückbleiben, damit sie das neu anfallende Kompostmaterial gleich wieder verarbeiten können. Diese Regenwurmtonne sollte selbstverständlich außerhalb des Hauses stehen und auch zugedeckt sein.

Das Abdecken dieses Regenwurmkompostes, also ganz allgemein des Platzes, an dem die Küchenabfälle ausgebracht werden und wo sich die Regenwürmer besonders schnell vermehren, ist nicht nur eine Sache der Ordnung. Die Abdeckung sollte dunkel und ziemlich dicht sein. Dunkelheit, Wärme und Feuchtigkeit fördern die Lebensvorgänge der Regenwürmer und sorgen neben der guten Ernährung für ihre unwahrscheinlich starke Vermehrung. Luft und Feuchtigkeit haben Zugang an allen offenen Seiten des kleinen Komposthaufens.

So rasch sich die Regenwürmer in diesen weichen, nährstoffreichen Materialien auch vermehren, so muß doch der Gärtner, der seine Regenwürmer nur in Tonnen sich vermehren lassen kann, auf die im Freien neben den Regenwürmern immer vorhandenen Komposttiere verzichten: Asseln, Tausendfüßler und viele andere kleine Tiere, die wirkungsvolle Mitarbeiter bei der Kompostbereitung sind.

Obwohl Regenwürmer überall einwandern, also in den Haufenkompost und den Flächenkompost, so kürzt dieses Vorvermehren der Regenwürmer die Verrottung ab. Es ist eine fast unentbehrliche Hilfe.

Bei dem bisher erwähnten Regenwurm handelt es sich um den roten Kompost- oder Mistwurm *(Eisenia foetida)*. Ihm werden nur die besten Eigenschaften nachgesagt, und er mache aus Abfällen Kompost.

Oben: Wer unter eine Bedeckungsschicht greift, macht den starken Regenwurmbesatz sichtbar. Das Bild veranschaulicht den hohen Wert des Flächenkompostes.

Rechts: Ausschnitt aus dem Kompostplatz in Halbschattenlage mit mehreren Kompostmieten. Reife Komposterde, also Fertigkompost, der sich für Saatrillen eignet, ist nicht mit Häcksel zu verwechseln! Über die unterschiedliche Entstehung und Verwendung beider siehe Seiten 58/59.

Diese vom Mistwurm aus Haushaltsabfällen hergestellte Komposterde kann aber nur eingeschränkt im Garten verwendet werden. Sie hat ihren Platz – wie schon vorn gesagt – ausschließlich als Impfung im Häcksel oder auf dem Flächenkompost.

Diese »Rotwurmkomposterde« ist niemals zu verwenden als Saat- oder Pflanzbett. Genaue Versuche mit dieser Erde brachten negative Erfolge bei der Keimung (Keimhemmung), große Anfälligkeit gegenüber Krankheiten und Schädlingen und Geschmacksvergröberung – also Erscheinungen eindeutiger Überdüngung.

Beim Thema Regenwürmer sei mit der gelegentlich geäußerten Behauptung aufgeräumt, der Regenwurm könne zum Schädling werden, indem er lebende Wurzeln anfresse. Das stimmt auf keinen Fall.

Der Große Regenwurm oder Erdwurm *(Lumbricus terrestris)*, der immer und überall bei uns im Acker und Garten vorkommt, ist der nützlichste Helfer zur Fruchtbarmachung des Bodens. Seine Ausscheidungen, der mit Nährstoffen angereicherte erdige Kot, hat in keiner Weise irgendwelche ungünstigen Folgen. Niemals frißt der Große Regenwurm frische, lebende Wurzeln oder überhaupt gesundes, lebendes Pflanzenmaterial. Er verhilft uns zu einem durchlüfteten, nährstoffreichen, besonders ausgeglichenen Boden und ist deshalb in Feld und Garten nur nützlich. Wir sollten alles tun, um den Bestand beider Arten zu vergrößern.

Unkraut im Garten

Der Übergang von den Heilkräutern zu den Kräutern, die als Unkraut anzusehen sind, ist fließend. Wir bezeichnen diese Unkräuter auch besser als Wildkräuter und besprechen sie hier im Zusammenhang mit dem Boden, da sie zum Boden ein besonders enges Verhältnis haben und wichtig sind.

1. Unkräuter sind zunächst Pflanzen, die immer und überall da sind, bevor der Mensch etwas gesät hat.
2. Unkräuter sind Pflanzen, die nie allein, in »Monokultur« vorkommen, sondern immer in einer Pflanzengemeinschaft.
3. Unkräuter wachsen immer dort, wo sie vorfinden, was sie brauchen und wo ihre Lebensbedingungen erfüllt sind.
4. Es sind Pflanzen, die am selbstgewählten Ort am gesündesten sind, einen unbeugsamen Lebenswillen haben, sich durchsetzen und alle sich bietenden Vorteile zum Wachsen, Vermehren und Überleben nutzen. Sie lassen sich nicht zwingen, an einem anderen Ort oder zu einer anderen Jahreszeit zu wachsen.

   Solche Pflanzen nennt der Mensch »Unkräuter«.

Was sind »Unkräuter«?

Sie kommen ungerufen, sind uns zunächst auch nicht willkommen, sie stören und müssen eines Tages wieder verschwinden. Da aber in der Natur nichts unnütz ist, sei nach dem Nutzen gefragt, den uns Unkräuter im Garten bringen können.
In manchen Gärten wachsen heute keine Unkräuter mehr, da viele Gartenbesitzer mit allen Mitteln einen völlig unkrautfreien Garten zu erreichen versuchen. Dort kann selbstverständlich nicht mehr von einem biologischen, im ökologischen Gleichgewicht stehenden Garten die Rede sein, wie er in diesem Buch geschildert wird.

Linke Seite: Eine Gruppe standortgemäßer Wildstauden, hier Günsel, Gundermann, Ziest und Wildgräser mit niedrigen und halbhohen Sträuchern als Übergang zu einem sich selbst aufbauenden natürlichen Garten.

Funktion der Unkräuter

Was für eine Funktion können die Unkräuter haben? Unkräuter – oder besser Wildkräuter – sind meist Heilpflanzen. Sie bereichern das Sortiment der Kulturpflanzen durch die Möglichkeit vervielfältigter Mischkultur. Sie teilen ihre Heilwerte dem Boden und damit den Pflanzen mit. Der Satz »Alles Lebendige teilt sich mit« gilt auch und besonders für die Wildkräuter in unseren Gärten.
Draußen in der freien Natur stehen eine große und kaum überschaubare Zahl von Wildkräutern, die einen hohen pharmazeutischen Wert (»Apothekenwert«) haben, also unserer Gesundheit dienen, und sogar die Heilung von Krankheiten fördern. Alle die wilden Kräuter in Feld und Flur, die dem Menschen nützen, könnten auch in unseren Gärten stehen, wenigstens so lange, wie wir sie brauchen und sie uns nicht stören.
Wenn man Wildkräuter als Heilmittel für den Boden, für Äcker und Wiesen, ja für ganze Landschaften ansieht, so gilt dies auch für den Garten. Viele Gartenunkräuter, sprich Wildkräuter, haben als wirksam nachgewiesene Inhaltsstoffe. Sie besitzen dadurch einen Gartenwert, der bis jetzt nicht genutzt wurde.

Sie helfen, unsere Böden aufzuschließen – zusammen mit den geschilderten Maßnahmen vollbiologischen Gärtnerns.

Unkräuter als Bodenanzeiger

Ein Teil der Unkräuter sind echte Bodenanzeiger, an deren Vorkommen wir Eigenschaften unseres Bodens ebenso erkennen können wie Nährstoffversorgung und Mängel in der Bodenpflege. Darauf können wir nicht im einzelnen eingehen; aber einige Hinweise mögen dazu anregen, sich mehr damit zu beschäftigen.

In groben Zügen sagen manche Wildkräuter aus, ob es sich um einen kalkhaltigen, einen kalkarmen oder einen sauren Boden handelt, denn nie steht ein kalkliebendes oder von Kalk abhängiges Unkraut auf einem sauren Boden. Dies könnte bei der Planung von Gärten und ihren Anpflanzungen zur Vermeidung von Fehlschlägen entscheidend sein.

In einem alten Garten weiß man aus Erfahrung, wo und welche Unkräuter kommen werden. Aber jedes Frühjahr können auch neue und vielleicht sogar andersartige dazukommen. Sie alle können helfen, unseren Garten zu beurteilen. Es empfiehlt sich deshalb, im Frühjahr etwas Geduld zu haben und die »Unkräuter« zunächst stehen zu lassen.

Daß der Gemüseteil unkrautfrei sein soll und auch kann, wurde im Kapitel »Spätsommer, Herbst und Winter« deutlich gezeigt. Aber es gibt viele Gartenquartiere, die unter Unkrautbewuchs leiden und uns stören. Wenn wir sie aber einige Zeit ungestört stehen lassen, bis ihr Bewuchs erkennbar ist, dann können sie etwas aussagen.

Kommen in unseren Gärten z.B. Wilde Glockenblumen, Adonisröschen oder Wilder Rittersporn, so zeigen diese Unkräuter guten Kalk- und Humusgehalt an. Es ist also ein fruchtbarer Boden.

Wachsen auf diesen kalkhaltigen Böden noch Ackersenf, Klatschmohn – er ist leicht giftig –, Taubnessel, Ackerwinde und Ehrenpreis, der in den letzten Jahren so sehr auf dem Vormarsch ist, handelt es sich um einen tiefgründigen, fruchtbaren kalkhaltigen Boden.

Kommen Brennesseln, Schwarzer Nachtschatten, der ebenfalls Giftstoffe hat, und Erdrauch vor, dann handelt es sich um einen stickstoffhaltigen Boden mit genügend Eisengehalt. Der Boden kann ganz schwach sauer sein; diese Unkräuter sind also keine Kalkanzeiger mehr.

Kommt die Kleine Brennessel vor, die spitze, die so sehr scharf sticht, so ist dort extrem stickstoffhaltiger Boden, humus- und nährstoffreich und vielleicht auch überdüngt. Der Gärtner sollte sich merken: Auf diesem Quartier, um diese Staude, um diesen Busch, wo diese Unkräuter in der Hauptsache kommen, darf kein Stickstoff mehr gedüngt werden, bis der überreiche Vorrat aufgezehrt ist.

Kommen in unseren Gärten Melde, Fuchsschwanz und Hahnenfuß vor, so zeigen diese Unkräuter schwere, aber nicht trockene Böden an.

Kommen zu Hahnenfuß noch Gänsefingerkraut, Ackerminze, Knöterich, Huflattich oder Schachtelhalm, so sind dies Anzeiger für Staunässe und mangelnde Durchlüftung. Der Landwirt würde von seinem Acker sagen, hier müsse dräniert werden, ehe gute Erträge zu erwarten seien. Der Gärtner wird seine gärtnerischen Maßnahmen ergreifen; er kann unter Umständen seine Blumen, seine Stauden nach diesen Böden aussuchen, und im Blumengarten könnte er an solchen Stellen mit Erfolg z.B. Wasseriris pflanzen, ohne daß Wasser sichtbar vorhanden wäre. Der Platz wäre richtig gewählt, allein durch Aussage der Unkräuter.

Rechte Seite: Aus dem »Grün in allen Schattierungen« heben sich allmählich Farben ab. Noch in der »Lichtphase«, ehe das Laubdach dichten Schatten gibt, kommt in großen Mengen Scilla, die – sofern man sie unberührt läßt – jedes Jahr weitere Quadratmeter erobert. Ihre Gartenheimat hat sie im Umfeld von Haselnußsträuchern und Holunder, wenn diese alt geworden sind und in leichter Hanglage stehen.

Die Zahl der Wildkräuter, die für unsere Gärten nützlich sind, ließe sich in einer langen Liste aufführen, und es empfiehlt sich, im Frühjahr einmal nachzusehen, was wächst und wo es wächst, und vorsichtig sich ein eigenes Urteil zu bilden.

Zwei Wildkräuter, die wir als lästiges Unkraut im Garten empfinden, seien besonders angesprochen: die Vogelmiere und der Ehrenpreis – Efeublättriger *(Veronica hederaefolia)* und Glänzender Ehrenpreis *(V. polita)*.

Der Ehrenpreis ist in unseren Breiten kein altes Unkraut. Vogelmiere und Ehrenpreis sind zuverlässige Anzeiger für Böden mit sehr hohem Humusanteil und hohem Nährstoff-, insbesondere Stickstoffgehalt. Es ist deshalb nicht verwunderlich, wenn die Fragen nach Vogelmiere und Ehrenpreis meist im Zusammenhang mit Kompostausbringen gestellt werden; Kompost, der in die Saatrillen gestreut oder zu Erdbeeren ausgebracht wurde.

Aufwertungspflanzen

Einige der uns bekannten Wildkräuter sind echte Aufwertungspflanzen. Dazu gehören Gundelrebe, Taubnessel, Günsel, Minze und Portulak. Auf Baumscheiben zeigt sich ihr Wert durch Beschattung und Abwehr von Schädlingen. Eine besonders wertvolle Aufwertungspflanze ist die Brennessel. Sie vermittelt Eisen, Kieselsäure und eine große Anzahl von Spurenelementen; wenn sie entfernt wird, hinterläßt sie einen humusreichen Boden.

Eine ganze Anzahl dieser Unkräuter, also dieser echten Wildkräuter, sind Bienenpflanzen. Sie locken sehr früh Bienen an, zu einer Zeit, wo viele andere Pflanzen noch nicht blühen. Wir werden deshalb auch diese Wildkräuter erst entfernen, wenn andere Pflanzen nachwachsen und Bienen anlocken können.

Wenn der biologisch denkende Gärtner sagt, gegen jeden Schädling im Garten wachse auch ein Helfer, so setzen wir unter dem Gesichtspunkt des jetzigen Themas hinzu: »... vorausgesetzt, daß diese Helfer wachsen dürfen.«

Einige Wildkräuter helfen aber nicht nur direkt, sie helfen auch durch eine sogenannte »zweite Instanz«, durch Vorhandensein von Giftstoffen in Spuren, die für viele Geschöpfe im Garten wichtig sind. Dazu sollten noch gerechnet werden die meisten Frühjahrsblüher, also die Krokusse, die Schneeglöckchen und ähnliche, die diese wichtigen kleinen Giftanteile ebenfalls enthalten. Diese Arten kommen auch oft in wilder Form vor.

Ein biologischer Kreislauf

Es wird nun im folgenden ein kleiner Ausschnitt des Kreislaufes sichtbar, dessen Ablauf weitgehend gestört ist, aber wohl geheilt werden könnte, wenn alle Gartenfreunde mithelfen würden. Es handelt sich bei diesem Kreislauf zum Beispiel um folgendes: Die Vögel, die in unseren Gärten leben, also Amseln, Drosseln, Finken, Meisen, Rotschwänzchen und manche andere, holen sich diese winzig kleinen Mengen Giftstoffe, die sie zur Ergänzung ihrer Nahrung und damit zu ihrer Gesundheit brauchen. Sie sind darauf angewiesen, daß diese Kleinstmengen an Giftstoffen in irgendeiner dieser genannten Pflanzen bereitstehen.

Genau diese Vögel sind unsere frühesten Schädlingsbekämpfer. An allen Zweigen sitzen sie und picken, da sie wiederum die eiweißreiche Nahrung der kleinen Lebewesen, die sich für uns zum Schädling auswachsen würden, zur Aufzucht ihrer Brut brauchen. Es ist ein winzig kleiner Ausschnitt, der als Beispiel für den Ablauf des biologischen Geschehens stehen soll.

Trotz des Ärgers über das Unkraut im Garten sollten wir es doch zeitweise dulden, so lange wenigstens, bis es uns wirklich stört. Ich selbst als Gärtnerin werde nie einem verunkrauteten Garten das Wort reden. Das Gemüsestück muß unkrautfrei sein, und daß auch Iris, Rosen und sonstige Anlagen ausgegrast werden sollen, ist selbstverständlich.

Oben: Dieser blühende Wildgarten ist ein Hort der Ruhe. Er wirkt ausgleichend und beruhigend auf Mensch und Tier.

Unten: Das Wildkraut Komfrey ist auch vielfältig nützliche Gartenpflanze: Heilkraut, schmückende Staude, Bienenweide, Anteil für Häcksel, Kompost und Pflanzenjauche – siehe Seite 70.

Wildkräuter und Falter

Das Dulden von Wildkräutern im Garten trägt auch dazu bei, daß unsere Gärten nicht ganz falterlos werden oder bleiben. Unkräuter sind Nährpflanzen für viele Schmetterlinge und ihre Raupen. Die wichtigsten Unkräuter seien genannt, die irgendwo im Garten stehenbleiben sollen und für Erhaltung und Wiederausbreitung von Faltern unerläßlich sind. Sie müssen ja nicht mitten im Garten stehen, denn alle Gärten haben Ränder, viele sogar Wildstellen. Dort sollen auch Wildkräuter geduldet werden. Sie sind als Rettungsinseln für Falter unentbehrlich. Es handelt sich zunächst um die Brennessel, auch Disteln, Taubnesseln, Veilchen- bzw. Stiefmütterchenarten, Wegeriche, Weidenröschen, Wolfsmilcharten. Bei der Aufzählung dieser Kräuter ist zu sehen, daß kein großer Anteil Gartenboden verlorengeht.

Es können selbstverständlich noch andere Gartenpflanzen als Reservat dienen, nämlich Sträucher und Bäume: Haselnußsträucher und Birken, auch Flieder und Liguster.

Welche Falter sind an besondere Pflanzen gebunden? Das Nachtpfauenauge eindeutig an Brombeeren, Rosen, Schlehen, Wegerich, an die Königskerze und den Holunder.

Welche Falter können in unseren Gärten außerdem vorkommen? Weißlinge, die gerne zum Schädling werden, wenn nicht echte Mischkultur Abhilfe schafft. Es könnten Tagpfauenaugen da sein, die nirgends Schaden machen. Es kann der Kleine Fuchs da sein, der gerne an die Kapuzinerkresse Eier ablegt, was aber nur vorübergehend schaden würde. Es könnten da sein die Admirale, Zitronenfalter und Distelfalter. Ihre Eier legen sie fast ausnahmslos auf die Brennessel. Und wenn Falter fliegen und die Gartenschönheit bereichern, findet man sie rasch und besonders reich an den einfachen Dahlien, an den Herbstastern, an Lavendel und Geißblatt, also an alten Gartenpflanzen unserer bäuerlichen Gärten. Dem Gesang der Vögel und dem Summen der Bienen fügen die Falter ein lautloses Spiel sich mischender Farben bei.

Jauchen aus Wildkräutern und ihre Wirkung

Wer seither als höchstes Ziel einen unkrautfreien Garten anstrebte, wird nun, da er vom Wert der Wildkräuter weiß, vielleicht bedauern, so wenig von ihnen im Garten zu haben. Aber wenn er beginnen will, vergorene Brühen, also Kräuterjauchen, zuzubereiten, kann er immer noch von draußen mancherlei zur Bereicherung hereinholen, das heißt als Zusatz Wildkräuter verwenden.

Dies gilt vor allem für die unentbehrliche *Brennessel*. Dieses Kraut, das wir als reichstes Kraut bezeichnet haben und das auch tatsächlich das reichste ist, ist besonders wichtig in der Flächenkompostschicht. Die Brennessel hat zudem den großen Vorteil, durch die behaarten, brennenden Blätter die Schnecken abzuwehren. Die Brennessel kann außerdem Tau fangen und halten, und nirgends steht eine Gemüsereihe besser und gesünder als über Brennesselbedeckung. Und für alle Jauchen, zumindest alle diejenigen, die als Düngung und gleichzeitig Schädlingsabwehr dienen sollen, ist die Brennessel als Grundlage zu nehmen.

Das Wildkraut *Komfrey*, das auch als Heilkraut, als sehr dekorative Staude oder als Bienenpflanze im Garten angepflanzt ist, liefert ebenfalls gutes Bedeckungsmaterial und eignet sich als Anteil in Kompost und Häcksel. Und es ist günstig für eine sehr düngende Jauche! Komfreyjauche ist milder als Brennesseljauche, riecht lange nicht so penetrant und ist für Freiland und alle Kübelpflanzen nahrhaft, wachstums- und blütenfördernd.

Komfreyjauche wirkt ein wenig langsamer, läßt sich jedoch sehr gut mit Brennesseljauche mischen. Beide Pflanzen können zusammen angesetzt oder die fertigen Jauchen gemischt werden. Da es sich hier in erster Linie um die düngenden Jauchen handelt, so seien auch die Blätter des Löwenzahn, des Bärenklau, der Wegeriche, auch Schafgarbe, also Wildkräuter, die am Wege stehen, zur Beimischung empfohlen.

Komfrey ist eine Pflanze, von der im Lauf der letzten Jahrzehnte alle Kenntnis verlorenging – ein Schicksal, das sie mit vielen Kräutern teilt. Die meisten Menschen können sich heute nicht einmal mehr ein Bild von Komfrey machen. Er ist also eine »wiederentdeckte« Pflanze, die neu im Gespräch ist.

Daß heute mehrere voneinander abweichende Formen gepflanzt werden können, soll den Gärtner hierzulande nicht verwirren. Für den Garten zumindest haben sie alle den gleichen Wert, ob es sich um die einheimische Wildpflanze oder um die »russische« Kulturpflanze handelt.

Der normale Standort der einheimischen Art – deutscher Name Beinwell (*Symphytum officinale*, Familie der Boretschgewächse) – sind feuchte Stellen an Bachläufen und Flüssen, da sie nasse, zumindest feuchte, stickstoffhaltige Böden liebt. Der Name Beinwell, auch Schwarzwurz (nicht zu verwechseln mit der Gemüsepflanze Schwarzwurzel) deutet auf die nicht nur früher, sondern auch heute noch hilfreiche Verwendung hin (Auszüge, Salben). Beinwell als »Kraut unter Kräutern« zu essen, ist umstritten. Bei der großen Kräuterauswahl, die unsere Gärten bieten, ist er dafür entbehrlich. Sein Wert zur äußerlichen Anwendung und für den Garten selbst aber ist unbestritten.

Wo Komfrey als Ackerfutterpflanze in vergangenen Jahren (nachweislich zu Anfang dieses Jahrhunderts) angebaut wurde, werden Pflanzen davon noch in weitem Umkreis gefunden, und es ist leicht, soviel davon in den Garten zu bringen, wie notwendig. Sie kommen auch ungerufen herein! Die Vermehrung geschieht entweder durch Wurzelstückchen oder durch Samen, indem Kleinsttiere die feinen Samen ohne unser Zutun verbreiten.

Komfrey wird als Staude bezeichnet, doch ist er dies nur in bedingtem Maß. Er kann einige Jahre durchhalten, verschwindet aber, wenn sich die Boden- und Lichtverhältnisse ändern, oder wenn ein Schnitt, der an älteren Pflanzen mehrmals im Jahr erfolgen kann, zur Unzeit geschah. Aber sicherlich erscheint er durch verschleppte Wurzelteile an anderer Stelle

wieder, so daß man sicher sein kann, ihn immer wieder zu haben.
Als Wildpflanze ist auch der *Holunder* anzusprechen; er kommt immer in Gegenden mit kalkhaltigem Boden vor. Er hat besonders nützliche Eigenschaften und stellt sich als Gartenhilfe mit auffallender Abwehrkraft vor. Diese Abwehrkraft zeigt der Holunder gegen Mäuse, Wühlmäuse und auch Maulwürfe, bei Maulwürfen genügt schon das Einstecken eines Zweiges in einen Maulwurfhaufen oder als Umrandung eines Frühbeetkastens.
Für Gartenzwecke verwendet man ihn von der Zeit an, wo der Saft in die Pflanze strömt. Man nimmt vom Holunder alles, also die Blätter und die dünnen Zweige bis hin zum fruchttragenden Zweig: als Bedeckung, die danebenstehende Pflanzen vor Erdflöhen schützt, oder als Holunderjauche, die besondere Abwehrkraft gegen tierische Schädlinge zeigt.
Schachtelhalm und *Rainfarn*, zwei Wildkräuter, die man teils im Garten findet, teils von draußen hereinholt, eignen sich besonders gut für Tees, mit denen die Pflanzen angegossen und überbraust werden. Beide Pflanzen können verjaucht werden. Diese Jauche hilft als Vorbeugung gegen Kohlhernie, auch gegen Pilzbefall bei Erdbeeren, bei Tomaten und bei Zwiebeln, wenn sie unter Mehltau leiden. Man verwendet diese Jauche ferner bei Befall mit Schwarzbeinigkeit, bei Jungpflanzen, die zu warm und zu feucht und in zu nahrhaftem Boden stehen.
Schachtelhalmjauche ist ein Rostabwehrer bei Sellerie. Dazu werden Jungpflanzen einige Stunden vor dem Setzen in diese fertige Flüssigkeit eingestellt. In diesem Fall wäre eine Mischung von Brennessel- und Schachtelhalmjauche günstig.
Malven, also Stockrosen, sind im Binnenland mit ungenügend feuchter Luft meist rostig. Solange sie noch jung sind, sollten sie mehrmals mit Schachtelhalmjauche überbraust werden.
Baldrian, am Waldrand wachsend, wird als Tee oder verjaucht allen Pflanzen gegeben, die Blüten und Früchte bringen sollen. Im

Königskerzen und Malven ergeben einen »Kerzengarten«. Im Vordergrund halbhohe Stauden und Buschrosen.

Gemüseland sind das die Bohnen, Erbsen, Tomaten, Gurken, Zucchini. Nicht aber wird Baldrianjauche verwendet zu Salat, nicht zu Zwiebeln und nicht zu Karotten. Baldrianjauche ist eine sehr milde, aber trotzdem wirksame Jauche. Besonders zeigt sich das, wenn sie über Sträucher, die blühen sollen, also z.B. Rosen, Stauden oder auch Iris, gegeben wird. Man wird eine Blühfreudigkeit wie selten feststellen. Die Anwendung von Baldrian zeigt sich früh positiv und zeitigt einen ausgezeichneten Erfolg.
So bringen die Wildkräuter für unsere großen und kleinen Gärten eine wirkliche Hilfe. Und gibt es aus den Jauchetonnen einmal Rückstand, so hat man einen garteneigenen Kompoststarter, wie man ihn sich kaum besser wünschen kann.

Blumen, Sträucher, Rosen im Mischkulturengarten

Vorbild »Alter Bauerngarten«

Wer einen Garten neu anlegt, hat eine Vorstellung, die er verwirklichen möchte. Ideales Vorbild wäre der alte Bauerngarten, der noch hie und da zu finden ist. Den Hauptteil bildet der Gemüseteil, die Ränder aber sind mit Blumen bepflanzt. Reicht der Raum für das Gemüse im Hausgarten nicht aus, so werden auf dem Lande Kraut und Bohnen auch am Rande einer Hackfruchtflur gebaut.

Umschlossen ist der Bauerngarten entlang des Zaunes von einer Staudenrabatte. Am Zaun stehen, je nach Gartenform und -größe, Beeren- und Schmucksträucher, und kaum ein alter Garten ist ohne Laube.

An den Rändern der Rabatten bzw. der Gemüsebeete stehen die Kräuter, die in keinem ländlichen Garten fehlen. Man braucht sie als Würzmittel in der Küche und als Heilkraut im Stall.

Diese ideale Gartenanlage, in Jahrhunderten bewährt, kann nicht überall nachgeahmt werden, ganz besonders dann nicht, wenn es sich um einen schon bepflanzten Garten handelt. Es steht auch sonst noch vielerlei entgegen: die Lage des Gartens, besonders aber die individuellen Wünsche des Gärtners. Nicht zuletzt ist es auch eine Modefrage, was man nachahmen möchte, z.B. den Nachbargarten mit »nur Rasen und Rosen«.

Linke Seite: Mischkultur im Blumenteil. Eine sich fördernde Blumengemeinschaft, die auf den ersten Blick nur der Schönheit wegen zusammengepflanzt scheint. Rosen – in dieser neueren Form stellvertretend für die Wildformen und alten Sorten – mit bewährter Verwendungsart und bekannten Wirkstoffen. Alle anderen Blumen sind seit Jahrhunderten heimisch im alten Bauerngarten. Alle werden bis heute als Heilpflanzen verwendet: in der Küche oder zu Heiltees – Melisse, Königskerze, Ringelblume. Alle aber fördern gegenseitig Gesundheit und Widerstandsfähigkeit.

Im Ziergarten ist manches schwieriger als im Gemüsegarten

In diesem Abschnitt geht es aber vor allen Dingen um die Frage, ob es möglich ist, auch im Ziergarten ohne die immer empfohlenen Giftspritzungen auszukommen, ob es möglich ist, durch die Anlage selber, also durch zweckmäßige Zusammenpflanzung, einen gesunden Garten zu erhalten.

Es könnte somit unwesentlich werden, ob die Anlage eines Gartens in Stil und Form einem idealen Vorbild nachgebildet wird. Wichtig und allein entscheidend ist letzten Endes, hier nach den gleichen Gesichtspunkten wie im Gemüse-Mischkulturengarten zu verfahren: sich gegenseitig schützende und unterstützende Pflanzen zusammenzubringen.

Im Gemüseteil sind alle biologischen Fragen leichter zu lösen, da jahraus, jahrein an der Humusversorgung gearbeitet werden soll. Auch die im Gemüseteil selbstverständliche Fruchtfolge ist im Ziergarten nicht möglich. So ist es nicht verwunderlich, daß angesichts verlauster oder von Mehltau befallener Rosen und kranker Iris auch im »biologischen Garten« zweigleisig gearbeitet wird: Gemüse und Beeren werden selbstverständlich nicht »gespritzt«. Zierpflanzen aber werden regelmäßig und gründlich mit chemischen Mitteln behandelt, mit der Entschuldigung: »Die essen wir ja nicht, an denen wollen wir uns nur freuen.«

Aber weder dem Gärtner, der diese Maßnahmen durchführen muß, noch der Pflanze, die nicht mehr auf natürliche Mittel reagieren kann, bekommt dies auf die Dauer. Das Bodenleben und die Umwelt sind geschädigt, die natürliche Begleitflora ist mehr oder weniger vernichtet. Ganz zu schweigen von dem Mitvernichten aller nützlichen Tiere, die sich zur

Abwehr und Vertilgung von Schädlingen schon eingestellt hatten oder bald eingestellt hätten.
Diese harten Eingriffe haben darüber hinaus noch zur Folge, daß durch die Einseitigkeit und Langlebigkeit der Pflanzen und die fehlenden Zwischenkulturen auch Mikroflora und -fauna ihre Vielfältigkeit verlieren und damit ihre Wirksamkeit für unsere Kulturen zurückgeht.
So gibt es im Ziergarten oftmals besondere Schwierigkeiten, und deshalb ist zu empfehlen, die Grundordnung des Mischkulturengartens auch auf den Blumenteil zu übertragen – also die Kulturen zu mischen.
Schon bei der Anlage eines Gartens oder bei der Nachpflanzung sollten die Grundbedürfnisse der Pflanzen beachtet werden.
Deshalb sollte der Gartenfreund zwischen Kalkböden und sauren Böden unterscheiden können; das heißt, daß er von vornherein auf manche Pflanze, deren Gedeihen er nicht erzwingen kann, verzichten muß.
Aus Unkenntnis wird oft nicht beachtet, daß z.B. Rosen nie an eine warme Wand gepflanzt werden sollen – so hübsch der Gedanke auch wäre –, daß Waldpflanzen, zu denen die Rosen ja gehören, keine pralle Sonne lieben, sondern lichten Schatten und luftigen Standort, und daß sie in einem gelüfteten Boden stehen wollen – ein Begriff, der uns im Verlauf dieser Darstellungen schon öfters begegnete. Dennoch lieben diese Pflanzen einen Bodenschutz.

Geeignete und ungeeignete Untersaaten und -pflanzungen

Dieser Bodenschutz wird durch eine passende Untersaat – wie Spinat, Senf – zu Beginn eines Vegetationsjahres erreicht. Besonders ist dafür auch Phacelia geeignet, die zunächst eine sehr hübsche, niedrige, feinfiedrige Bodenbedeckung ergibt und später zu reichem Beflug von Bienen und zur größten Gartenschönheit beiträgt.
Ungeeignet ist Untersaat oder Unterpflanzung, die einen Wurzelfilz ergibt, z.B. mit Pfennigkraut, Veilchen oder Gundelrebe. Bestens geeignet aber ist z.B. die Kapuzinerkresse unter Rosen. Sie läßt kein Unkraut aufkommen und hält alle darüber stehenden Pflanzen gesund. Eine sehr günstige, aber nur für schattige Stellen geeignete Unterpflanzung gibt Immergrün, das sich auch nicht sehr fest einwurzelt.
Aufbringung von Häcksel: Sollte sich Giersch z.B. in Irispflanzungen eingenistet haben, so wird nach Häckselbedeckung, die selber keinen Unkrautsamen mitbringt, der Boden von Jahr zu Jahr lockerer, so daß man den Giersch durch Ausziehen entfernen kann. Häcksel wirkt überall auch als Frostschutz und im Jahr nach dem Aufbringen dann als vorteilhafter Dünger. Von der geeigneten Düngung wurde schon im Kapitel »Kräuterjauchen« gesprochen, ebenfalls von der Abwehr von Schädlingen und Krankheiten durch natürliche Mittel.

»Monokulturen« meiden

Der Bauerngarten, der in seiner Anlage als Vorbild genannt wurde, kann auch in seiner Bepflanzung wertvolle Hinweise geben. Betrachten wir einmal alte Gartenbilder, also Bilder aus Bauern-, Kloster- und Pfarrgärten: Dort sind die vielfältigsten Blumen zusammen gepflanzt. Nie sieht man »Blumenbeete«, bepflanzt mit nur einer Blumenart: kein Astern-, Begonien-, Stiefmütterchen- oder Dahlienbeet. Bei näherer Betrachtung wird deutlich, welche Blumen als Leitpflanzen dienen können und welche dann sinnvollerweise beigefügt werden.
Zu den Hauptpflanzen wird unter- oder mitgepflanzt oder untergesät, was ihnen als Nachbar nützlich ist; denn auch im Ziergarten können wir durch geeignete Mischpflanzungen Schädlinge und Krankheiten abwehren. Alle Blumen unserer Gärten sind mit heilenden Kräften ausgestattet – in Wurzel, Blatt oder Blüte.
Dies alles gilt heute allerdings oft nicht mehr

für Modeblumen und für die züchterisch veränderte Pflanze – Neuzüchtung, Kreuzung oder Hybriden genannt. Diese sogenannten Verbesserungen ergeben dann die Prachtexemplare, die übergroßen Blüten oder die gefüllten Formen ursprünglich angefüllter Arten. Diese Verbesserungen gehen meist auf Kosten des Duftes, der Haltbarkeit oder der Widerstandsfähigkeit; und oft geht damit der Verlust der Gehaltsstoffe einher. Will man z. B. von Rosen die wertvollen Hagebutten ernten, die eine besonders reiche Vitaminquelle sind, so muß man eine Heckenrose stehenlassen, und man pflanzt »Alte Rosen«, die durch die Jahrhunderte unverändert in Duft- und Gehaltsstoffen auf uns gekommen sind: Centifolien, Damaszener, Essigrose (Gallica), Bourbon u.ä.

Auch ist die Auswahl der geläufigen Sorten sehr wichtig. Es genügt nicht, bei Rosen etwa Polyantha- oder Edelrosen oder sonstige Wuchsformen zu benennen, denn innerhalb dieser großen Gruppen bestehen weitgehende Unterschiede zwischen den einzelnen Sorten. Man sollte genau die Anmerkungen in den Katalogen lesen, die z. B. über Farbe und Höhe hinausgehen, also Angaben – offen oder verschlüsselt – über Winterfestigkeit oder Mehltauanfälligkeit und ähnliches.

Bevor wir im nächsten Absatz zu Vorschlägen für geeignete Zusammenpflanzungen kommen, wollen wir zusammenfassen, was insgesamt im Ziergarten zu vermeiden ist: Monokulturen, die nie den Schönheitswert steigern, die Verbreitung von Krankheiten durch Ansteckung und von Schädlingen durch Weiterfliegen aber begünstigen; das Offenliegenlassen des Bodens, das immer zum Hacken zwingt; die Zusammenstellung von Pflanzen nur nach Farbe und Größe oder nach Blühzeit, ohne nach den Wirk- und Abwehrstoffen zu fragen; die Unterdrückung der natürlichen Begleitpflanzen, die in vielen Fällen die Widerstandskraft steigern oder den Bienenflug fördern, z.B. wilde Glockenblumen und viele andere mehr. Diese Begleitpflanzen werden später entfernt, wenn sie stören.

Rosen – ihre Nachbarschaften und ihre Pflege

Im Mischkulturengarten wächst nichts für sich allein. Das ist im Gemüse- und Beerenobstgarten so und selbstverständlich auch im Rosengarten. Auf den Bildern sind Beispiele zu sehen: Randeinfassungen zu Rosen mit Heilkräutern, bodendeckende Unter- und Beisaaten, halbhohe Stauden wie Hemerocallis oder Iris am Rand, Zwiebelgewächse als Unterpflanzung. Besonders schön, ausdauernd und mühelos: Narzissen, die sehr viel länger aushalten, nicht mäuseanfällig sind und durch die unten beschriebene Pflege und Düngung sich so vermehren, daß andere, noch leere Stellen versorgt werden können.

Salbei und andere Aromapflanzen zu Rosen

Rosen sind vor Krankheiten und Schädlingen bestens geschützt, wenn ihnen Salbei beigepflanzt ist. Die Farben ergänzen sich zu schöner Klarheit. Doch leider hat der Gartensalbei nicht das leuchtende Sommerblau des wilden Wiesensalbeis. Wie auch die anderen Lippenblütler wird Salbei reich beflogen.

Gleichwertig wären noch andere Aromakräuter wie Lavendel, der die Ameisen dort abwehrt, wo sie stören, Ysop und Thymian, Raute und Weinraute. Rosmarin dagegen ist kälteempfindlich und im Freiland nicht zu verwenden.

Ihre seit langer Zeit bekannten und bewährten antiseptischen Eigenschaften zeigen die Aromakräuter auch im Garten. Eine Sonderstellung aber – dies ist ganz wörtlich zu nehmen – muß der Wermut einnehmen, weil er seine Abwehreigenschaften »übertreibt«, das heißt in bestimmter Nachbarschaft wuchshemmend oder sogar tödlich wirkt.

Pflege und Düngung

Die Pflege ist einfach: Im Spätherbst und Winter bekommen alle Rosen und, wenn der Vorrat reicht, auch die begleitenden Stauden

Oben: Im Mischkulturengarten wachsen auch Rosen nicht für sich allein, sondern zusammen mit Heilkräutern und bodendeckenden Unter- und Beisaaten oder halbhohen Stauden – wie hier die Rose »Märchenland« mit Ringelblume und, rechts im Vordergrund, Lein.

Links: Noch im Herbst wächst diese Rose gesund und knospig.

Häcksel um den Stock oder, wenn es ein Beet ist, eine Häckselbedeckung; diese kann bei reichlicher Gabe zugleich als Winterschutz dienen.

Was die Düngung angeht, so gilt für alle ausdauernden Blumen dasselbe: Im Frühjahr bekommen sie eine Gabe eines organischen Düngemittels tierischen Ursprungs. (Nur wenige Gärtner werden noch einen alten Mistkompost zur Verfügung haben – auch wir nicht.)

Eine zweite Gabe bekommen sie »ins offene Maul«, also zur Zeit der offenen Blüten; nicht aber mehr die Rosen, bei ihnen ist Ende Juni Schluß mit dem Düngen! Ihr Holz soll ausreifen, damit es am weich gebliebenen Holz keine Frostschäden gibt.

Zur Düngung gehört auch die Versorgung mit Spurenelementen. Deshalb sei auf eine Pflegemaßnahme hingewiesen, die kaum bekannt ist und bei allen Rosen ausgeführt werden sollte. Da gab und gibt es eine Rosenart, die Provins-Rose, die durch besondere Gesundheit, Wüchsigkeit, Langlebigkeit, Blühfähigkeit und Duft auffällt und diese guten Anlagen weitervererbt. Man kam darauf, daß diese Rosen von einem Boden mit hohem Eisengehalt stammen, aus dem Anbaugebiet östlich von Paris um die Stadt Provins.

Es wäre gut, die Angaben zu Spinat als Nebensaat noch einmal zu überdenken. Der kurzlebige Spinat schließt den Eisengehalt des Bodens auf; das sollte zugunsten der Rosen genutzt werden. Es ist eine einfache Maßnahme, Rosen in unserer Zeit zu gutem Gedeihen und langer Blühdauer zu bringen: Spinat um die Rosen säen und dies nach Möglichkeit wiederholen. Der Erfolg ist verblüffend.

Alte Rosen auf alten Bildern

Warum werden alte Rosensorten im Naturgarten bevorzugt? Sie sind ein jahrhundertealtes Kulturgut. Die in diesem Garten eingeordneten und mit ihren alten Namen bezeichneten Sorten finden sich in Rosenkatalogen längst vergangener Jahrzehnte, aber auch auf alten Gemälden. Sie erhielten sich unverändert bis in unsere Zeit. Auch bei ihnen gibt es nachblühende und zweimalblühende Sorten, und einige bringen im Herbst große, leuchtendrote Hagebutten.

Wird ein Strauß solcher alter Rosen verschenkt, etwa ans Krankenbett, so wird der Beschenkte diesen Blumenstrauß umfassen, das Gesicht hineintauchen und die Düfte einsaugen – und Frische und Leben spüren. Hier zeigt sich ein Naturtrieb des Menschen nach Berührung: Sehe mit fühlender Hand, sagt Goethe.

Diese Rosen werden im Lauf der Zeit zu überschwellenden Büschen, in der Hochblüte können die Wege von langen Ranken überdacht sein, so daß man sich in einem Garten südländischer Fülle wähnen kann. Das Verbundensein mit diesen Rosen kann zur Lebenshilfe werden, wenn der Mensch sich ihrer Atmosphäre überläßt; er wird dort wieder zu sich selbst finden können.

Diese alten Rosen mit ihren Düften und Farben sind ausgesprochene Individualisten, keine Sorte gleicht der anderen. In den Farben meist licht und hell, im Einzelfall manchmal auch satt und würdig, sind sie bezaubernd und zugleich geheimnisvoll, ab und zu skurril. Ihre Düfte sind entsprechend – leicht und befreiend, süß und herb, jung und hoffnungsvoll; manche Sorten erinnern an orientalische Gewürze.

Der Blumenliebhaber wird versuchen, solche Gemeinschaften alter Rosen im eigenen Garten heranwachsen zu lassen und sie als Bestätigung und Anregung in anderen Gärten zu entdecken.

Zusammenpflanzungen für Stauden- und Rosenbeete

Bei den Überlegungen, wie nun Blumen am besten und wirksamsten zusammengepflanzt werden, keine Art aber in Monokultur zu stehen kommt, sollen beigefügte Bilder Anregung und Anschauungsmaterial sein. Was für den Gemüsemischkulturengarten gezeigt wurde, kann und soll im Blumenteil nachgeahmt werden. Bodenpflege und Förderung des Bodenlebens sind auch hier Voraussetzung für das Gelingen.

Wenn Rosen oder Stauden im Laufe der Zeit »nachlassen« oder immer mehr von Schädlingen befallen werden, dann zeigen sie an, daß sie anders gepflegt werden wollen. Man denke zunächst daran, Heilpflanzen hinzuzufügen. Erinnern wir uns an das Kapitel »Der Anbau von Heil- und Küchenkräutern«. Da alle Zwiebelpflanzen, besonders der Knoblauch, dort als eindeutige Heilpflanzen genannt werden, beginnen wir auch hier mit dem Knoblauch, und zwar als Mitpflanzung im Herbst zu allen Rosen und zu anderen Pflanzen, die mäusegefährdet sind. Durch eine Randpflanzung mit Salbei, Thymian, Ysop und Lavendel, aber auch durch Beipflanzung dieser Heilpflanzen in Stauden- oder Rosenbeete halten sie sicher jeden Schädling ab. Keine Laus und keine Schnecke wird sich unter diesen Pflanzen finden, und Ameisen werden niemals unter und um Lavendel vorkommen.

Zu diesen in Rosen- und Staudenbeete einzufügenden Heilpflanzen gehören auch die Malven mit ihren verschiedenen Arten, also Buschmalven, aus deren Blüten Tee bereitet wird, Stockmalven und Trichtermalve, die Monarden und die echte Melisse mit ihrem auffallenden Thymianduft.

Zu den abwehrenden Pflanzen, die wir von jetzt an am besten Heilblumen nennen, gehört zuerst einmal die Kaiserkrone *(Fritillaria)*, die als Mäuse- und Wühlmäuseabwehr bekannt ist. Sie ist auch beliebt bei Bienen und Hummeln, die dort Nahrung holen können. Besonderen Nutzen bringt die Kaiserkrone als Nachbarpflanze von Lilien (Feuer-, Madonnen-, Königs-, Tigerlilie usw.), da sie dort als Fangpflanze dienen kann.

Bei Lilien ist als einziger tierischer Schädling das Lilienhähnchen bekannt, und zwar nur in Gegenden, wo im Wald Lilienarten wild vorkommen (Türkenbundlilie und andere). Das Hähnchen tritt im Wald wie auch in den Gärten als lästiger Schädling auf. Das Lilienhähnchen legt seine Eier an den absterbenden Kaiserkronenstengel ab. Wir müssen das Hähnchen ablesen, da chemische Mittel nicht in Frage kommen. Ein biologisch unbedenkliches Mittel ist nicht bekannt. Diese Stengel können zusammen mit den Eiern und Larven des Hähnchens vernichtet werden. So ist also die Kaiserkrone in verschiedener Weise eine sehr gute Nachbarpflanze.

Das Einfügen von Lilien zusammen mit Kaiserkronen in Rosen- oder Staudenpflanzungen ist nicht nur schön, sondern auch nützlich. Lilien möchten einen beschatteten Fuß und auch immer in Gemeinschaft wachsen, sie können nicht einzeln stehen. Und so empfiehlt sich die Zusammenpflanzung dieser drei Arten, die sich hinsichtlich ihrer Standortansprüche (Ansprüche an Boden und Standort) ergänzen. Den Lilien wird, wie schon erwähnt, Knoblauch mitgegeben, von dem wir im Kapitel »Kräuter« sagten, daß alle Zwiebelpflanzen zu den Heilpflanzen zählen. Lilien sind auch gefährdet durch unterirdischen Schneckenfraß und durch Mäuse; und beide Tiere werden durch Knoblauch abgewehrt.

Heilpflanze ist selbstverständlich auch die Ringelblume *(Calendula)*, die sich leicht säen und auch leicht in Ordnung halten läßt. Man beachte, daß ihr Name von »Calenden« abgeleitet wird, also in diesem Rhythmus geschnitten und dadurch erneuert werden kann. So kann die Ringelblume das ganze Jahr hindurch auffallend schön stehen. Und da sie ihren besonderen Wert durch ihre Wurzeln hat, ist sie als ganzjährige Begleitpflanze neben anderen Pflanzen wichtig. Sie dient als Untersaat zu Rosen und Stauden, besonders durch ihre nematodenhemmende Wirkung.

Rechte Seite oben: Noch ist Sommer. Die prachtvolle Lilie heißt »Schellenbaum«. Lilien brauchen leichteren Boden, der hier zubereitet wurde, beschatteten Fuß, hier durch Phacelia geboten. Im Hintergrund (halbhoch) eine neuere Rose (»Raubritter«), Estragon, Johanniskraut.

Unten: Päonien, gemischt mit frühen gelben, wohlriechenden Taglilien (Hemerocallis). Ein erfreulicher Sommer-Anfang!

Die gelben Blütenblätter, denen höchster Heilwert zugeschrieben wird, können auch am Blumenbeet gesammelt werden.

Auch Tagetes kann als Heilblume mitgepflanzt werden. Ihre nematodenhemmende Wirkung im Wurzelbereich ist bekannt. Dazu ist aber die hohe, unangenehm riechende Form zu nehmen; nicht geeignet ist die neue, geruchlose Form!

Die vierzeilige Wolfsmilch *(Euphorbia lathyris)* ist eine echte Begleitpflanze dort, wo Wühlmäuse gefährlich werden. Vorsicht: Die Milch, die die Mäuse vernichtet, wenn sie an der Pflanze geknabbert haben, ist für die Schleimhäute des Menschen giftig! Deshalb Vorsicht bei der Pflanzung. Kinder dürfen nicht damit in Berührung kommen können.

Auch das Mutterkraut *(Matricaria chamomilla)*, eine Kamillenart, im Garten als Staude, ist für alle anderen Stauden eine gute Nachbarschaft. Ferner findet die Königskerze *(Verbascum)*, als Zweijahrespflanze und als Heilpflanze altbekannt, eine gute und schöne Plazierung im Rosen- und Staudenbeet. Sie wird reichlich beflogen und deshalb vom Imker geschätzt. Boretsch *(Borago officinalis)* durchwurzelt und lockert den Boden. Die blauen Blütensterne sind sehr hübsch anzusehen, sie enthalten auch Heilstoffe. Beide, Königskerzen und Boretsch, eignen sich als verschönernde, nützliche Nebenpflanzung.

Daß die neu aufkommende Wertschätzung der meist nur als Zierpflanzen angebauten Gewächse nicht nur eine Mode ist, zeigt der Blick auf alte Bauern- und Klostergärten, aber auch auf vorbildliche Pflanzungen in modernen botanischen Gärten.

Es standen und stehen dort Lupinen *(Lupinus)*, Pfingstrose *(Paeonia)*, Eisenhut *(Aconitum)*, Fingerhut *(Digitalis)*, Alant *(Inula)*, Hundszunge *(Cynoglossum)*, Lichtnelke *(Lychnis)*, Nachtviole *(Hesperis)*, Astern *(Aster)*, Marienblatt *(Chrysanthemum balsamita)*, Iris *(Iris germanica)*, Taglilien *(Hemerocallis)*, Levkojen *(Matthiola)* und viele andere Kleinpflanzen und selbstverständlich viele Einjahrsblüher. Es standen und stehen Margeriten *(Chrysanthemum)* und Rittersporn

Oben: Echte Lilien (Lilium henryi) in Gemeinschaft mit wilden Waldglockenblumen, die sich von selbst einstellten. Sie werden meist als lästiges Unkraut angesehen, sind aber bequeme und sichere Farbgeber.

Unten: Mischkultur mit Tagetes. Die älteren hohen, unangenehm riechenden Sorten wirken im Wurzelbereich nematodenhemmend. Sie eignen sich deshalb auch bestens zur Einsaat von Baumscheiben.

(Delphinium), Glockenblumen *(Campanula)*, Sonnenblume *(Helianthus)*, Heliotrop, Veilchen, Tränendes Herz *(Dicentra)*, Lilien (besonders *Lilium candidum*). Sie alle waren oder sind zusammengepflanzt – die niederen Formen entlang der Gemüsequartiere, die höheren aber immer auf der den Garten umschließenden breiteren Rabatte. An Rosen gab es: Centifolien weiß und rosa, Damaszener- und Moosrosen. Nie fehlte auch der Buchs.

Zusammengepflanzt war alles mit Sträuchern, die bis zum heutigen Tag mit irgendeinem Teil der Pflanze in verschiedenster Verwendung Heilzwecken dienen, – vor allem Holunder *(Sambucus)*, Flieder *(Syringa)*, Geißblatt *(Lonicera)* oder Haselnuß *(Corylus)*.

Einige Zusammenpflanzungen haben sich ganz besonders bewährt: Traubenhyazinthen *(Muscari)* zu Tulpen *(Tulpia)*, die dann nicht mehr von Mäusen angefressen werden. Es empfiehlt sich auch, Rosen nicht mit Tulpen zu unterpflanzen, da sie mausgefährdet sind, sondern besser mit Narzissen *(Narcissus)*, die keinerlei Schädling haben.

Goldnessel (Lamium galeobdolon) mit weiß blühendem Giersch – eine Fläche, die keinerlei Pflege braucht. Das lästige Unkraut Giersch wurde hier zur schmückenden Wildstaude.

Wird ein seither vorhandenes Kräuterbeet mit ausdauernden Kräutern, samt Johanniskraut *(Hypericum)*, Baldrian *(Valeriana)* und Rainfarn *(Chrysanthemum vulgare)*, aufgelöst, sollten die Pflanzen in ein schon vorhandenes Blumenbeet eingefügt werden.

Die heilkräftigen Blumen können genauso verwendet werden für Schädlingsbekämpfung und Düngung, wie für den Gemüsegarten empfohlen. So können wir die Sorgen, die ein Blumengarten bereiten kann, abbauen.

Besonders zu beachten ist, was über Abwehrkraft der Heilkräuter, Wildkräuter und ihre Weiterverwendung als Dünge-, Abwehr- und Heiljauchen im folgenden Kapitel »Der Anbau von Heil- und Küchenkräutern« gesagt wird. Dort wird auf die im Blumenteil besonders hervortretende Schwierigkeit hingewiesen.

Wenn der Garten eines Tages zu groß wird...

Da der Garten nur so groß sein soll, wie die Kräfte des Menschen zur Pflege reichen, kommt früher oder später der Zeitpunkt, wo er zu groß wird. Man kann dann einen Teil mit geeigneten Pflanzen, die seine Schönheit erhalten aber keine Pflege brauchen, überwachsen lassen und so die zu bearbeitende Fläche verkleinern.

Besonders eignet sich dazu Lamium mit verschiedenen Arten, z.B. Goldnessel *(Lamium galeobdolon)*, die auch Laubfall darüber stehender Bäume oder Sträucher gut verträgt. In der Blütezeit schmückt die Goldnessel mit gelben Kerzen.

Ein im Sinne der Mischkultur bepflanzter Garten sieht zunächst anders aus als gewohnt, doch werden wir bald seine Ausgeglichenheit empfinden und ihn als Raum erleben, der uns hilft, Einseitigkeit und Hektik zu überwinden. Die Beschäftigung in einem solchen Garten wird unser menschliches Verhalten und Befinden beeinflussen, uns zu immer neuen Beobachtungen und Schlußfolgerungen hinführen und die Augen öffnen für den großen Zusammenhang aller Vorgänge in der Natur.

Der Anbau von Heil- und Küchenkräutern

Können Küchenkräuter auch die Gesundheit des Gartens fördern? Die Heil- und Küchenkräuter, die in unseren Gärten wachsen, sind nicht mehr wegzudenken aus unserer Ernährung. Sie sorgen für unser körperliches Wohlbefinden, für Aufbau, Stärkung und Pflege unserer Organe, für Leistungsfähigkeit und Vitalität und für Ausgleich bei manchmal unvermeidbarer denaturierter Nahrung. Wenn wir dies auch seit altersher wissen, so haben wir doch erst allmählich den hohen Gartenwert dieser Kräuter entdeckt.

Im Vordergrund stand bislang ihre Verwendung in der Küche, des Wohlgeschmacks wegen, zur Vorbeugung und zu Heilzwecken. Erst nach und nach erkennen wir, daß Kräuteranbau für den Garten selbst von Bedeutung ist: für Aufbau und Gesundung des Bodens, Ernährung und Schutz der Pflanzen.

Wenn wir im Garten Dauergesundheit anstreben und erreichen wollen, sollten wir diese Kräuter in den Gartenplan einbeziehen und als festen Bestandteil unseres Anbaues ansehen. Manche Eigenschaften haben viele Kräuter gemeinsam, also etwa den Reichtum an Vitaminen. Sie haben aber auch jeweils ganz spezifische Eigenschaften, die wir nützen sollten.

Kräuteranbau im System des Mischkulturengartens

Kräuter können ebenso wie Gemüse, wenn sie an den richtigen Platz gesetzt, gesät oder auch als Voraussaat oder Mitsaat verwendet werden, eine gesundheitsfördernde Nachbarschaft sein. Kräuter können vor Schädlingen schützen und Krankheiten eindämmen. Sie können in vergorenem Zustand bestens zur Düngung und Bodenverbesserung dienen. Kräuter sind neben und unter Pflanzen die bestmögliche Hilfe durch Bodenbedeckung, und sie wirken auch noch über den Flächen- oder Haufenkompost für alle Gartengewächse heilend und gesundend.

Zu den Heil- und Küchenkräutern, weil absolute Heilpflanzen, gehören immer die Zwiebeln und vor allem der Knoblauch, der Senf – eine ganz alte, schon biblische Heilpflanze –, die Kapuzinerkresse, die Gartenkresse, die Brunnenkresse und nicht zuletzt die **Ringelblume** *(Calendula)*, deren Heilkraft schon seit dem 12. Jahrhundert bekannt ist. Aus ihren Blütenblättern stellen wir bis heute die beste Heilsalbe her. Für die Brennessel als echter Wildpflanze braucht der Gärtner keinen Platz zu suchen. Er wird sich aber überlegen, wo er all die anderen Heil- und Küchenkräuter, die er im Garten haben sollte, unterbringen kann.

Einjährige Kräuter

Die einjährigen Kräuter brauchen keinen eigenen Platz und schon gar kein eigenes Beet (von den Beeten sind wir ja sowieso weggekommen); sie brauchen nicht einmal eigene Reihen, sondern sie werden als gebende, schützende, heilende Mitsaat in die Pflanzenreihen eingefügt. Dies gilt, wie gesagt, zunächst für alle einjährigen Kräuter. Diese sind von der Küchenverwendung her bekannt. Sie sollen früh im Jahr zur Verfügung stehen. Zur Mitsaat in Gemüsereihen eignet sich in

Linke Seite: In der Bildmitte eine A-Reihe mit halbgewachsenen Gurken, die nicht gepflanzt, sondern – zusammen mit Dill – gesät wurden. Gute Bedeckung schützt die Gurkenranken bei Regen vor Beschmutzung.

früher Jahreszeit besonders gut der **Dill**, der in jede Möhrenreihe mitgesät werden sollte. Hier hat Dill auch den Wert einer Auflaufhilfe; die Reihen werden geschlossen aufgehen und auch stehenbleiben und sich gleichmäßig entwickeln. Schon die quellenden und keimenden Samenkörner beeinflussen sich gegenseitig und helfen zu gutem und besserem Aufgehen und zu dauernder Gesundheit in diesen Reihen.

Alle Kräuter scheiden, ebenso wie Gemüsepflanzen, ihre wertvollen Stoffe oberirdisch, aber auch unterirdisch aus; und bei Dill wird sich zeigen, daß er alle Nachbarpflanzen gesund erhalten kann, wo er auch stehe.

Das gilt auch für seine Mitsaat z.B. bei Gurken (s. Bild S. 23), allen Kohlarten, auch bei Roten Rüben und vielen anderen Pflanzen. Daß Dill an der Spitze des Vitamingehaltes noch vor Petersilie genannt ist, auch vor Paprika, macht ihn zu einer besonders wichtigen Pflanze in der Küche. Hier ist er in jeder Form verwendbar: die ganze Pflanze einschließlich Wurzel, Stengel und Samen. Einen besonderen Gartenwert zeigt Dill auch deshalb, weil er frühen und lichten Schatten gibt, daher lieben ihn viele etwas später kommende Pflanzen.

Wenn der Gärtner diese Ratschläge befolgt, so wird er allen Folgesaaten Dill mitgeben, und die Hausfrau hat ohne Mühe und ohne Aufwand immer frischen jungen Dill für die Küche.

Zu den sehr früh zu säenden Kräutern, die dann die Hausfrau auch sehr früh verfügbar hat, gehört der **Kerbel**. Dieses alte Heilkraut, das reich an Vitamin C ist, eignet sich zur Blutreinigungskur im Frühjahr, da es entschlackend wirkt. Im Garten wird Kerbel mühelos eingebaut: als Mitsaat zu jeder Folgesaat von Salat. Man kann früh im Jahr beginnen und schon der ersten gesäten Reihe Kerbel mitgeben, aber auch noch bei Aussaat von Endivien. Diese letzte Reihe Kerbel wird grün den Winter überstehen und im Frühjahr weiterwachsen. So steht also ununterbrochen Kerbel zur Verfügung.

Was nützt der Kerbel aber im Garten? Er schützt den Salat, in der Reihe mitgesät, vor Läusen, Mehltau, Schnecken, und hält ihn lange zart. Der etwas kräftige Geruch vertreibt auch die Ameisen.

Zu den einjährigen Kräutern, die keinen eigenen Platz brauchen, sondern in die Mischkultur eingefügt werden, gehört auch das **Bohnenkraut**. Da es frostempfindlich ist, wird es erst Mitte Mai ausgebracht und am besten den Bohnen mitgegeben. Diese bleiben dann frei von Läusen, auch von der Schwarzen Bohnenlaus. Beim Ernten bleibt die Wurzel des Bohnenkrautes im Boden, denn die wesentlichen Inhaltsstoffe des Bohnenkrauts sollen bei der Verrottung dem Boden wieder zugute kommen.

Das verhältnismäßig unbekannte, zurückhaltende **Basilikum**, von dem man auch sagt, es sei die Königin der Gewürze, wird ebenfalls spät gesät. Es bekommt seinen Platz bei den später auszubringenden Kulturen, also Gurken, Zucchini, Fenchel; alle sind sie frostempfindlich, und das Abklingen des Sommers zeigt sich zuerst beim Basilikum durch die brauner werdenden Blätter.

Gurkenpflanzen, die Basilikum neben sich haben, bleiben lange gesund, bekommen also keinen frühen Mehltau und tragen reich. Da Basilikum als sehr gute Bienenpflanze gilt und Bienen anlockt, werden auch die Gurken, die eine Befruchtung durch Insekten brauchen, besser ansetzen. So ist es nicht verwunderlich, daß man hier von einer echten Gartenhilfe reden kann: durch das Heilkraut Basilikum.

Boretsch, der nervenstärkend und blutreinigend wirkt, der auch in fast allen Gärten steht, hat besondere Gartenaufgaben. Als Mitsaat im Laufe des Jahres erweist sich Boretsch als außerordentlich schädlingsabwehrend bei Kohlrabi, auch bei allen anderen Kohlpflanzen, die dann ohne den geringsten Befall bis spät im Jahr wachsen.

Da Boretsch »haarige« Blätter hat, wird keine Schnecke mit ihm in Berührung kommen wollen. Man erntet die Blätter laufend und läßt ihn in der Gemüsereihe nicht zur Blüte

kommen, damit er nicht zu beherrschend wird. Aber es gibt genügend Plätze im Garten, wo er von selber kommt und uns seine Durchsetzungskraft helfen kann. Diese wichtige Garteneigenschaft sollte besonders bei schweren oder harten Böden genützt werden: Boretsch durchwurzelt in einem nicht vergleichbaren Maß den Boden, lockert ihn und wird dadurch zu einer großen Gartenhilfe.
Zu einer Kräuternebensaat bei Erdbeeren bieten sich die leeren Zwischenräume an: mit **Senf**. Es zeigt sich immer wieder, und es ist auch in neuerer Zeit nachgewiesen, daß er Nematoden abwehrt. Diese Senfeinsaat bei Erdbeeren als Nebensaat geschieht zweckmäßigerweise nach der Ernte mit Säuberung der Beerenreihe, also nachdem die Blätter abgeschnitten oder abgemäht wurden, das Unkraut entfernt und der Boden gelockert wurde. Dann ist die richtige Zeit, Senf einzusäen. Er ist rasch da, wächst schnell und schützt die Erdbeeren. Später im Winter verschwindet er von selber wieder. Als Neben-

Oben: Aus Samen gezogene Steckzwiebeln zweier verschiedener Frühlingszwiebelsorten kurz vor der Ernte.

Unten: Buschbohnen mit einjährigem Bohnenkraut, das als schützende, heilende Mitsaat in die Bohnenreihen eingefügt ist.

saat könnte hier auch die Ringelblume *(Calendula)* dienen.
Beide, Senf und Ringelblume, werden normalerweise nicht als Heilkraut angesehen, aber auch in der Küche verwendet. Die gelben Blütenblätter der Ringelblume sollten mehr Verwendung finden als bisher – ebenso die jungen Senfpflanzen. Dabei ist entscheidend, daß sie jung geschnitten werden und nur so hoch wachsen, wie man die Gartenkresse wachsen läßt. Sie haben dann die ähnlichen Werte wie die Kresse und wirken ähnlich – nur lange nicht so aggressiv und scharf.
Als gute Nebenpflanze für bestimmte Gemüsearten wird sich auch die **Petersilie** zeigen. In der Küche ist sie unentbehrlich durch ihren hohen Anteil an verschiedenen Vitaminen und anderen Wirkstoffen. Sie sollte regelmäßig verwendet werden, aber mäßig. Im Garten gilt sie deshalb wohl als wertvolle Abwehrpflanze, ist aber durch diese Eigenschaften oft ein schwieriger Partner.
Am besten verwendet man sie als Randpflanze, wo sie ihre Schutz- und Abwehrkraft bei manchen stabilen Nebenpflanzen zeigt. Sie ist eine gute Partnerpflanze zum Beispiel für die Zwiebel und vor allem für die Tomate. An diese eindeutige Abwehrpflanze geht kein Schädling, auch nicht an die Nachbarpflanze. Wohl aber ist Petersilie anfällig für Krankheiten. Man bringt die Petersilie aber nie in die Nachbarschaft eines schwachen Partners. Zarter Kopfsalat z.B. würde nach der halben Wachstumszeit wieder zurückgehen und absterben.
Auch die **Ringelblume** *(Calendula)* wurde empfohlen für die Küchenverwendung. Ihre besondere Bedeutung im Garten hat sie wohl durch ihren großen Wurzelwert. Man sät sie zwischen Kulturpflanzen, z.B. zwischen nematodengefährdete Erdbeeren, wie eben genannt. Calendula ist eine ausgezeichnete Untersaat bei Tomaten. Alle überschüssigen Calendulapflanzen sollte man den Tomaten als Bedeckung unterlegen. Calendula zeigt sich aber nicht nur hier, sondern an eigentlich allen Pflanzstellen von großem Wert für Boden und Nachbarpflanzen.
Zu den einjährigen Kräutern gehören wie gesagt die **Zwiebel** und ihre Verwandten, also **Knoblauch, Lauch** und **Schnittlauch.** Alle diese Zwiebelarten sind nicht nur wertvolle Heil- und Würzpflanzen, sondern auch für die Gartengesundheit unentbehrlich: alle wirken schimmelabwehrend. Es handelt sich immer nur darum, ihnen den richtigen Platz zu geben. Ihre Wirkung aber ist eindeutig. Knoblauch eignet sich besonders zur Mäuseabwehr, zum Beispiel bei Lilien und bei Rosen. Erdbeeren, die schimmelanfällig und nematodengefährdet sind, brauchen vor allem die Hilfe der Kräuter. Es wurde schon bei der Mischkultur daran erinnert, daß sie nie allein stehen, sondern eine Nachbarschaft von irgendeinem Zwiebelgewächs bekommen sollen.
Die **Gartenkresse** ist ein sehr stark wirkendes Heilkraut. Sie wird in der Küche besonders im Frühjahr verwendet, zur Zeit des Vitaminmangels. Im Garten zeigt sie sich aber als ein aggressives Heilkraut. Als Nebenpflanze ist sie deshalb nur eingeschränkt zu verwenden, d.h. nicht im Gemüseteil. Kresse sollte zur Abwehr von Läusen, auch von Blutläusen an den Bäumen, dienen. Auf die Baumscheiben können wir auch Ringelblume *(Calendula)*, Kapuzinerkresse und Tagetes säen – als echte Hilfe gegen vielerlei Schäden. Einjährige Kräuter können auch noch eine andere Verwendung finden, ohne einen eigenen Platz zu beanspruchen. Dies wurde schon eingangs gesagt (S. 43), wo Voraussaaten zur Beschattung und Vorbereitung des Bodens, zu Wasserhaltung und Bodendurchwurzelung empfohlen werden. Dort wurde auch der **Senf** genannt; hier im Zusammenhang mit den Heilkräutern sei noch einmal an ihn erinnert. Er hat auch sehr praktische Vorteile: Das Saatgut ist preiswert, die Rückstände machen keine Mühe; eigentlich ist nur darauf zu achten, daß die Pflanze in noch weichem Zustand abgehackt und abgeschnitten wird.
Eine besonders wirksame Voraussaat vor allem zum Schutz des Kohles vor Raupen und Erdflöhen ist der **Schnittsellerie.** Er sollte in der Reihe gesät werden, in der später Kohl

gepflanzt wird. Der schon aufgegangene Schnittsellerie bleibt dann zwischen den Kohlpflanzen stehen. Durch diesen Vorsprung kann auch der Schnittsellerie Abwehrpflanze für Kohlweißlingsraupen werden. Später wird der Kohl geerntet, der Schnittsellerie bleibt stehen, bleibt wintergrün und ist im Frühjahr wieder bereit zum Schnitt.
Bei der Darstellung dieser in Auswahl genannten Kräuter ging es uns darum, zu zeigen, daß sie alle einen sehr hohen Nachbarschaftswert haben, das heißt einen Gartenwert, auf den ein biologisch arbeitender Gärtner nicht verzichten kann.

Ausdauernde Kräuter

Es bleibt jetzt noch, auf die staudenartigen, ausdauernden Heilkräuter hinzuweisen. Wenn wir an die eben behandelten einjährigen Kräuter und ihre Wirkung zurückdenken, so ist zu betonen, daß wir auf keines von ihnen verzichten können. Von den nachfolgend genannten Kräutern dagegen, den zweijährigen, ausdauernden, staudenartigen, sind einige entbehrlich, besonders für den Anfänger.
Auch ausdauernde Kräuter, die ganz besonders gut nachweisbare und wertvolle Nachbarschaftseigenschaften haben, brauchen nicht unbedingt auf einem gesonderten Kräuterbeet zu stehen. Da sie aber Staudencharakter haben, müssen sie vorgezogen werden. Bei einigen gelingt die Aufzucht der Jungpflanzen in einem Jahr, bei anderen ist es ratsam, im Frühjahr zu säen, die Sämlinge zu vereinzeln und sie dann im Herbst als Jungpflanzen zu setzen. Sie machen später keine Mühe, halten sich selber sauber, wollen und sollen nicht gedüngt werden (auch nicht biologisch). Die ausdauernden Kräuter haben ganz besonders wertvolle Wirkstoffe – Düfte, Öle, Ausscheidungen –, die Hilfe für andere Kulturen bringen können. Der Anteil dieser Stoffe sinkt, wenn die Pflanzen in fettem und zu gut gedüngtem Boden stehen. Alle sind sie Aromaträger, deshalb auch Abwehrer, und können schützend wirken. Im Garten sind sie die beste Hilfe zur Umweltverbesserung, da sie deutlich merkbar die Luft mit ihren Düften anreichern. Sie alle ziehen Bienen an, ähnlich wie die Wildkräuter.
Die Namen sind uns allen bekannt:

Kümmel und Koriander
Lavendel und Weinraute
Rosmarin und Salbei
Ysop und Thymian
Pimpernell und Liebstöckel
Beifuß und Melisse
Schnittlauch und Marienblatt
Sauerampfer und Estragon
Wermut und Baldrian.

Wohin werden diese ausdauernden Kräuter, nachdem sie hergezogen sind, verpflanzt? Welche Pflanzen sind das, wie wirken sie und wo ist letztlich ihr Standort?
Eine Sonderstellung nehmen die beiden zuletzt Genannten ein. **Wermut** sollte immer abseits gestellt werden, damit in der Küche keine Verwechslungen mit Beifuß vorkommen können. Wermut hat einen sehr hohen Abwehrwert, er ist aber nicht bodenfreundlich. Die Regenwürmer fliehen den von ihm bestandenen Boden. Deshalb darf er auch nicht auf den Kompost!
Der Pflanzplatz des Wermuts ist ausnahmslos in der Nähe der Johannisbeeren, besonders der Schwarzen Johannisbeeren, die vom Säulchenrost befallen werden können. Er ist der einzig bekannte biologische Abwehrer.
Der Saatplatz bzw. der Platz der Heranzucht des Wermut wird noch auf Jahre hinaus kenntlich sein: auf ihm ist das Wachstum anderer Pflanzen gehemmt. Er ist aber gerade durch seine Inhaltsstoffe ein sehr guter Abwehrer des Säulchenrostes. Er kann auch geschnitten und über gefährdete Kohlpflanzen gelegt werden, wenn die Abwehrkraft eines Sellerie im Garten nicht ausreichen sollte.
Baldrian, als zweite Pflanze dieser Sonderstellung, schon behandelt bei den Wildpflanzen, wird im Garten nur als Tee aus den Blü-

ten zur Anregung für fruchtbringende Gemüsearten verwendet. Er ist ein garteneigener »Blütenanreger«. Als Folge der reichen Blüte werden fruchtbringende Gemüsearten reiche Ernte bringen.

Pflanzvorschläge für ausdauernde Kräuter

Da die ausdauernden Kräuter – im Gegensatz zu den einjährigen – nicht in den Rhythmus der Mischkultur der Gemüsepflanzen eingebaut werden können, folgen für sie nun einige Pflanzvorschläge.

An oberster Stelle steht der **Lavendel** mit seiner Doppelwirkung von Blüte und Blatt. Er sollte da gepflanzt werden, wo Ameisen wirklich stören. Die Gartenaufgabe der Ameise wird meistens verkannt; darüber wird später noch gesprochen (siehe S. 108). Im weiten Umkreis einer Lavendelpflanze hält sich keine Ameise. Lavendel paßt in alle Staudenpflanzungen, besonders aber zu Rosen, da er auch die Blattläuse abhält.

In der Küche wird ein kleiner grüner Lavendelzweig, wie von anderen Kräutern auch, als Beigabe zu schweren Speisen verwendet. Lavendel wirkt gut auf die Drüsen, ist galletreibend und beruhigend. Darüber hinaus dient sowohl die Blüte als auch das Blatt für kosmetische Anwendungen, für den Wäscheschrank, für den Kleiderschrank, wo Lavendel Motten vertreibt. Er hat also sogenannte »Haushaltswerte«.

Lavendel ist in der Küche austauschbar mit **Rosmarin.** Dieser ist aber kälteempfindlich, und es ist deshalb sehr günstig, wenn beim Fehlen von Rosmarin reichlich Lavendel vorhanden ist. Rosmarin kann den Sommer über im Garten stehen, am besten aber als Topfpflanze, in dieser Form eingepflanzt zwischen die Stauden und zwischen die Rosen, damit er im Herbst zeitig ins Haus geholt werden kann.

Lavendel und Rosmarin sind in ihrer Verwendung austauschbar. Da Lavendel im Garten aber keine Schwierigkeiten macht, ist er nützlicher. Wir erinnern uns an die Abhängigkeit der Falter von manchen Pflanzen. Lavendel ist eine echte Anflugstelle für Falter, und nirgends wird man einen solchen Reichtum an Faltern jeder Art finden wie am Lavendel.

Ein wichtiges ausdauerndes Heil- und Küchenkraut ist der **Salbei,** eine alte Gartenpflanze. In der Zusammenstellung der Kräuter (s. Seite 98) sind Einzelheiten über seine Wirkung und seine Verwendung in der Küche nachzulesen. Im Zusammenhang mit Salbei sollten auch **Ysop** und **Thymian** genannt werden. Diese drei Pflanzen haben ähnliche Gartenwirkungen. Sie wehren eindeutig Raupen ab, besonders die des Kohlweißlings.

Der Platz für Salbei, Ysop, Thymian kann aber leider nicht im Gemüsebeet sein, eben weil sie ausdauernde Kräuter sind.

Man kann ihre Abwehrkraft aber trotzdem nützen: Wie in alten Bauerngärten pflanzt man um den Gemüseteil herum Stauden und dazwischen eben diese ausdauernden Kräuter (siehe Kapitel »Blumen, Sträucher, Rosen im Mischkulturengarten«). Das ergibt einen Schutzwall um den Gemüseteil. (Andere Abwehranwendungen siehe bei »Weiterverwertung der Kräuter als Jauchen«, ab S. 91.) Unter Rosen gepflanzt wehrt Salbei dort Läuse ab. Er hält die Rosen (siehe Bild) sehr gesund. Die genannten Kräuter dulden keine Schnecken unter sich, und Schnecken lieben nie die Nachbarschaft dieser drei Kräuter. Thymian ist im übrigen eine gute Mauerpflanze und eine sich gut einfügende Unterpflanze, nicht nur zu Rosen.

Weitere ausdauernde Kräuter, als Schmuckpflanzen weniger ins Auge fallend, sind **Pimpernell, Zitronenmelisse** und **Estragon.** Von der Küchenverwendung her ist bekannt, daß **Pimpernell** stark entgiftend wirkt. Sie wird oft als »allgemeiner Kehrbesen« bezeichnet.

Rechte Seite: Salbei, Lavendel und Ysop als Einfassungspflanzen. Sie wirken zugleich als Schutzpflanzen. – Oben: Rosen mit Gartensalbei. Unten: Lavendel und – rechts vorn – Ysop.

Pimpernell wirkt als Beipflanzung im Wurzelbereich anregend. An der Pimpernellpflanze und um sie herum ist auffallende Gesundheit festzustellen.
Die **Zitronenmelisse,** im Garten immer gut gedeihend, gehört zu den ausgesprochenen Bienenpflanzen. Sie wird also dort gepflanzt, wo in der Nachbarschaft Bienen gehalten werden. Zitronenmelisse hat eine große Durchsetzungskraft, sie wächst ausbreitend, hat ein ungeheures Wurzelwerk und muß zur rechten Zeit zurückgenommen werden, damit sie noch genügend frisch, weich und saftig ist und sich gut zur Bodenbedeckung eignet.
Vom **Estragon,** der in keinem Garten fehlen sollte, ist bekannt, daß er magenstärkend wirkt und auch unentbehrlich zu Essig und allem Eingemachten ist. Im Garten wirkt er ähnlich wie die oben genannten Kräuter. Aus Samen ist er sehr schwer zu ziehen; man sollte sich lieber einen Ableger erbitten.
Weinraute, ein wenig bekanntes Kraut, ist sehr dekorativ, hat aber auch Abwehrkräfte wie die anderen ausdauernden Kräuter. Sie kann gut an Staudenrabatten als Randpflanze zu heiklen Stauden oder Rosen gepflanzt werden.
Auch **Schnittlauch,** eine Zwiebelpflanze, wehrt neben den seither genannten Pflanzen den Schädlingen und besonders allen Pilzkrankheiten. Er ist als Randpflanze zur Einfassung um Rosen besonders geeignet. Wird er nicht laufend geschnitten, geht er zeitig in Blüte; in diesem Zustand wird er abgeschnitten und als Bedeckung zwischen Erdbeeren verwendet, da er dort als Pilzabwehr bestens genutzt werden kann.
Für den Verbrauch im Winter ist zu bemerken: Wenn man Schnittlauch für den Küchenverbrauch ins Haus nehmen will, so sollte man ihn erst eintopfen, wenn er genügend durchgefroren ist. Man kann ihn an seinem Platz so lange stehen lassen; aber noch gründlicher friert er durch, wenn man die einzelnen Pflanzen als faustgroße Stöcke aussticht und im Freien liegenläßt. Die danach eingepflanzten Schnittlauchstöcke treiben zuverlässig in der Küche an und treiben auch weiter; ohne Frosteinwirkung eingesetzt, würden sie sehr bald verlausen.
Nach dem Verbrauch des einen Stockes kommt dieser zurück in die Kälte, und ein nächster ist im Heranwachsen. So kann man über längere Zeit im Winter frischen Schnittlauch im Haus haben, bis er im Freiland wieder anfängt auszutreiben.
Auch **Liebstöckel,** das altbekannte Maggikraut, und **Beifuß** müssen genannt werden. Beifuß gehört eigentlich schon zu den Wildpflanzen, wird aber im Garten als Heil- und Küchenkraut gepflanzt, weil man ihn in der Küche zur Beigabe für schwere Speisen braucht. Liebstöckel und Beifuß hemmen sichtbar die Schädlinge an Nachbarpflanzen, wirken aber auch wachstumshemmend für diese selber. Man stellt sie also in eine Ecke, hat dort dekorative Pflanzen und kann davon für den Küchenbedarf jederzeit holen. Von Beifuß werden nicht die Blätter, sondern die Blüten verwendet.
Zusammengefaßt sei gesagt: Die genannten ausdauernden, verpflanzten Kräuter sind nicht nur Aromaträger, sondern sie bereichern deutlich und wahrnehmbar den Garten durch ihren Duft. Sie sind auch echte Bienenpflanzen, wehren Schädlingen, schützen vor Krankheiten und sind für die Gartengesundheit unentbehrlich.

Was geschieht mit dem Schnittgut?

Haben die Kräuter auch noch einen Wert, wenn sie geschnitten werden müssen? Alle Kräuter müssen einmal, auch bei laufendem Frischverbrauch, geschnitten werden. Sie werden zu groß, gehen in Blüte, werden sperrig, geben zuviel Schatten, kurzum: sie müssen geschnitten werden.
Als erste Verwendung können sie in diesem Zustand als sehr wertvolle Bedeckung zu allen Gemüsearten verwendet werden (siehe Schnittlauch zu Erdbeeren). Sie werden ausgebracht, zunächst einmal unzerkleinert, besser aber zerkleinert – siehe Häcksel –, sie bil-

den eine ausgezeichnete Bedeckungsschicht auf dem Flächenkompost.
Diese Direktbedeckung vermittelt neben den schon bekannten Wirkungen aller Bedeckungsarten Schutz-, Heil- und Gesundungshilfe. Sie werden je nach ihren Eigenschaften zu denjenigen Kulturen gebracht, die Hilfe brauchen.
Als gutes Beispiel nannten wir den Schnittlauch: Als Zwiebelpflanze zwischen Erdbeeren gelegt, wirkt er als Pilzabwehrer. Andere Kräuter kann man auch unter Pflanzen legen, von denen man weiß, daß sie besonders Schnecken anziehen; das wären zum Beispiel Taglilien oder auch Rittersporn. Oder man legt sie in die Nachbarschaft von Salatreihen oder neben die Salatreihen, immer auf den Flächenkompost; oder um die genannten Stauden herum als kleine Scheibe. Das Schnittgut bildet immer eine Schicht, die die Gemüse oder Blumen eindeutig schützt. Wer mit dem Komposthaufen arbeitet, findet selbstverständlich dort den geeigneten Platz, geschnittene Kräuter einzubauen, und wird feststellen, daß sie den Verrottungsvorgang beschleunigen.
Einige Kräuter sollen nicht in den Kompost kommen, da sie wachstumshemmend und auch verrottungshemmend wirken. Als Beispiel Wermut: Der beste Platz für dieses Schnittgut wäre, wenn man es nicht unter die Kohlreihen legen will, unter den Schwarzen Johannisbeeren zur Abwehr des Säulchenrostes. Der Anfall ist nicht besonders groß, so daß es nie schwierig wird, dieses Schnittgut unterzubringen.

Kräuterjauchen

Ganz besonders wertvoll und eigentlich durch nichts Besseres zu ersetzen sind alle genannten Kräuter, wenn sie einzeln oder mehrere zusammen angesetzt werden zur Vergärung, also zu Kräuterjauchen. Viele Gärtner kennen nun allmählich die Brennesseljauche; Kohl- und Komfreyjauchen sind ebenso wichtig und wertvoll.

Wie werden Jauchen aus Kräutern hergestellt?

Es handelt sich hier um einen natürlichen Vorgang, um die Vergärung von frisch geschnittenen Kräutern, mit Wasserzusatz. Die immer wieder gestellte Frage, wie man eine Kräuterjauche herstelle, kann nur so beantwortet werden: Die Jauche »macht sich selber«. Die Gefäße können aus verschiedenem Material sein, am besten selbstverständlich aus Holz oder auch aus Ton. Das Verhältnis von Wasser und Kräutern läßt sich nicht mit Liter und Kilo angeben; normalerweise füllt man das Gefäß etwa halbvoll mit Kräutern und füllt es mit Wasser auf. Am besten wäre selbstverständlich Regenwasser. Leitungswasser geht aber auch.
Auch wird immer wieder gefragt, wie lange eine Jauche stehen solle, bis sie »fertig« sei. Die Vergärung ist eine langsame, temperaturabhängige Entwicklung, die man genau beobachten kann. Zuerst trübt sich die Flüssigkeit, allmählich nimmt sie Farbe an, und im letzten Stadium ist sie eine dunkle Brühe mit schon vergehender Pflanzensubstanz. Entsprechend riecht die Brühe: zunächst schwach, aber im Endstadium stark. Wen der Geruch stört, der nehme einige Handvoll Steinmehl und rühre es ein. Im übrigen riecht die Brennesseljauche nur dann, wenn sie bewegt, also umgerührt wird, oder wenn sie ausgebracht wird.
Entsprechend dem Fortschreiten der Vergärung ändert sich auch die Verwendung dieser Brühe. In jungem Zustand ist sie besonders gut geeignet zum Einstellen von Jungpflanzen vor der Pflanzung. Sie werden mit ihren Wurzeln in einem niedrigen Gefäß in die Jauche eingestellt.
Jungpflanzen, die von der Heilbrühe aufgenommen haben, bekommen damit einen guten Start zum An- und Weiterwachsen. Zum Beispiel wird der Sellerierost verhindert, die Asternwelke reduziert.
In diesem frühen Zustand kann man diese angegorene Brühe auch über grünes Blattwerk brausen, etwa über einen von Läusen befallenen Rosenbusch oder auch einen Rosenbusch,

wo man erfahrungsgemäß Schäden durch Läuse, Mehltau oder ähnliches befürchtet.
Auch noch im fortgeschrittenen Zustand ist die Jauche so verwendbar, sie wird dann halb und halb mit Wasser gemischt. Man kann kurze Zeit nach der Anwendung beobachten, daß Abhilfe geschehen ist.
Schreitet die Vergärung weiter fort, so wird die Jauche – als fertig vergorene Brühe – zu einer echten Düngung, zur Pflanzennahrung und zugleich zu einer ausgleichend wirkenden Medizin.
Beim Ansetzen dieser Brennesselbrühe können wir mit gutem Erfolg noch andere Kräuter dazugeben, z. B. Komfrey, der ja nicht nur ein Wildkraut ist, sondern im Garten stehen kann. Als Beimischung eignen sich neben Komfrey auch Blätter von allen Kohlarten. Kohl sollten wir nicht nur als Gemüseart ansehen! Er galt früher eindeutig als Heilpflanze und ist bis zum heutigen Tag eine der wertvollsten Gemüsearten mit den größten Heilwirkungen (siehe »Garten und Ernährung«). Es hat sich gezeigt, daß gerade das Zufügen von Kohlblättern oder auch übriggebliebener Kohljungpflanzen gesundend, aber auch stark düngend wirkt.

Anwendung

Wann ist der beste Zeitpunkt, in einem biologisch richtig gepflegten Garten zu düngen? Und womit? Immer ist es richtig, die eben genannte Brennesseljauche vor der jeweiligen Bestellung auszubringen, d.h. sie als Vorausdüngung zu geben. Immer gilt: Pflanzen sollen nicht direkt gedüngt, sondern es sollte der Boden, in dem sie stehen, gedüngt werden. Das gilt auch für die Düngung mit vergorener Jauche.
Diese Brühen bringen mit, was sie an Heilstoffen und Düngewerten in sich haben. Sie bringen damit dem Boden und indirekt den Pflanzen zurück, was entnommen wurde und was wir niemals in dieser abgestimmten Dosierung künstlich hinzufügen könnten.
Diese Brennessel- oder gemischte Brennessel-Kräuter-Jauche mit ihren Heilstoffen sollte in erster Linie auf diejenigen Gemüsereihen kommen, die später fruchttragende Arten tragen, und zwar als Vorausdüngung.
Im geordneten Mischkulturengarten liegen die Reihen vom Frühjahr an schon fest, und es braucht keine besondere Überlegung mehr. Diese pflegende düngende Jauche wird auch z. B. zu Erdbeeren ausgebracht, zu einem Zeitpunkt, zu dem die kommende Ernte angelegt, also »programmiert« wird, und das ist im Herbst, wenn sich die späteren Blüten im Ansatz zu bilden beginnen.
Mit diesen Brühen werden ferner Bäume, Rosen und Stauden gedüngt, und zwar zu Beginn des Austriebs, dann zum zweiten Mal in der Hauptblüte »ins offene Maul«, also zu einer Zeit großer Aufnahmebereitschaft. Das ist dann gleichzeitig eine Vorausdüngung für das nächste Jahr.
Das Ausbringen dieser düngenden und zugleich heilenden Jauche als Vorausdüngung soll dem Boden helfen zu seinem Aufbau. Aus diesem so gepflegten Boden können gesunde und üppige Pflanzen wachsen.

Sonderjauchen

Bei der Zusammenstellung dieser Jauchen sollte man nicht ängstlich sein – aber an die oben genannte Einschränkung denken: keine wachstumshemmenden Kräuter mit verwenden. Wermut, Petersilie, Beifuß und Liebstöckel: diese vier Pflanzen bringen einen besonderen Gartenwert mit, wie wir schon an ihrer abwehrenden Wirkung sahen. Sie können durchaus auch verjaucht werden, das heißt, man kann mit ihnen Sonderjauchen herstellen. Diese Einzeljauchen werden direkt und immer nur da verwendet, wo bestimmte Schäden auftreten, also zum Beispiel Schimmelkrankheiten oder Kräuselkrankheit und ähnliche unangenehme Erscheinungen. Dazu können noch kommen Sonderjauchen zur Abwehr: aus Rhabarberblättern oder Meerrettichblättern. Diese ergeben einzeln oder gemischt eine gute Abwehr für den Kohl gegen Kohlhernie.

Alle Kräuter, die in Blüte gehen, hart werden oder verblüht sind, können auch zu Kräuterjauchen vergoren werden. Zu Sonderverwendung werden sie getrennt nach Arten angesetzt.

Wenn die Brennesseljauche alt wurde, das heißt dick und konzentriert, und auch sehr stark riecht, dann kann sie immer noch, auch unverdünnt, auf die Baumscheiben gegeben werden, am besten ausgangs des Winters.

Diese konzentrierte Brennessel-Kräuter-Jauche wird auch verwendet zur Stammpflege bei den Bäumen, unter Hinzufügung von Kalk oder Algomin oder einem entsprechenden Mittel. Damit wird der Stamm angestrichen, als Haftmittel wird evtl. ein wenig Wasserglas zugefügt. Hartnäckige Schäden an alten Bäumen wurden auf diese Weise geheilt. Man kann Brennesseljauche auch z. B. in Frostrisse eines Baumes eingießen. Wiederum ist die vergorene Brühe ein ausgezeichnetes Hilfsmittel.

Zum Schluß, wenn die Kräuterbrühen irgendwohin ausgebracht sind, bleibt ein fester Rückstand in den Tonnen. Diese Rückstände werden am zweckmäßigsten im Laufe des Jahres als Schicht auf eine oder mehrere Reihen und – je nach Vorrat – auf den Flächenkompost ausgebracht.

Arbeitet man mit Komposthaufen, so wirkt dieser Rückstand dort, wie auf dem Flächenkompost, als guter Kompoststarter: Durch den hohen Anteil von Brennesseln geht die Verrottung viel rascher vor sich.

Heilpflanzen- und Küchenkräuter-Abc

Baldrian
Wirkt beruhigend, schlaffördernd.
Wird verwendet als Tee, Auszug. Sollte nicht dauernd getrunken oder eingenommen werden.

Basilikum
Wirkt verdauungsfördernd, schweißabsondernd, gegen Blähungen, hilft bei Blasen-, Nieren-, Galleschäden.
Wird verwendet als Tee, kalt getrunken auch gegen Fieber.
Wird in der Küche verwendet: Als feinstes Gewürz ist es zu allen rohen und gekochten Speisen geeignet, zu Rohkost, Salaten, Gemüse, Soßen. Als Dämpfe für kosmetische Anwendung.

Beifuß
Wirkt günstig auf Verdauung, bei Blasenleiden, hilft dem ganzen Organismus. Besonders gut für Zuckerkranke.
Wird verwendet als Tee bei Durchfällen und Koliken.
In der Küche: Die Blütenknospen werden verwendet zu allen sog. schwereren Speisen, Braten, Gemüsen, fetten Speisen. Für Zuckerkranke reichlich verwenden.

Bibernelle (Pimpernell)
Wirkt stark entgiftend, besonders gut für Leber und Galle, Magen/Darm. Pimpernell sei ein »allgemeiner Kehrbesen«, sagt man, sie wirkt appetitanregend, wohltuend auf die Atmungsorgane.

Linke Seite:
Königskerzen haben sich an den Wegen und Stufen von selber eingefunden. Im Vordergrund beetumrandende Abwehrpflanzen. Sichtbar sind Schnittlauch und Buchs. An anderen Rändern stehen – im Bild nicht zu sehen – Lavendel, Salbei und Ysop.

Wird verwendet als frisches Blatt.
In der Küche zu Suppen und Soßen, roh zu Salaten, zu jeder Art von Rohkost, Quark u. ä.

Bohnen, reife
gelten hier als heilsames Gemüse. Brühe davon wirkt stark entwässernd. Als Tee auch zur Gesichtswäsche. Bohnenmehl als Maske.

Bohnenkraut
Wirkt: Kräftigt Nerven, Leber, Galle, regt Verdauung und Appetit an, stärkt den Magen.
Wird verwendet frisch und getrocknet.
In der Küche zu allen Dämpfgemüsen, auch zu Rohkost und Salaten, zu Klößen, zu Braten und Soßen, zu Fisch und Eintopf.
Bohnenkraut ergibt auch einen sehr guten Badezusatz.

Boretsch
Wirkt durch sein Kalium harn- und schweißtreibend. Blüten sind herzstärkend. Wurzeln ergeben ein Heilmittel bei Schleimhaut- und Hauterkrankungen. Wirkt blutreinigend.
Wird verwendet als frisches Blatt mit anderen Kräutern gemischt. Blüten in Teemischungen.
In der Küche zu Rohkost, zu Salaten, Quark, Kräutersuppen, Kräutersoßen. Geeignet für salzarme Diät.

Brennessel
Wirkt harntreibend, abführend, blutreinigend, regt Haarwuchs an (Haarwasser), entschlackt, gut für Leber und Galle, milchbildend. Nach einem alten Kräuterbuch: »... ist das reichste Kraut, hat viel und frohe Wirkstoffe ...« Brennessel ist ein organischer Salzspender, also nicht belastend. Blutzuckersenkend.
Wird verwendet grün und getrocknet, Samen als Tee gegen Durchfall.

In der Küche roh zu allen Salaten, zu aller Rohkost. Bei Zuckerkrankheit reichlich verwenden. Als Pulver über alle Speisen. Zu Gemüsen, Soßen. Besonders geeignet für salzlose Diät.
Kosmetik: Ergibt ausgezeichnet wirkende Gesichtspackungen.

Calendula (Ringelblume)
Wirkt: Ist seit dem 12. Jahrhundert als Heilkraut bekannt. Soll krebsvorbeugend wirken.
Wird angewendet: Blütenblätter als Salbengrundlage, in Teemischungen, als Tee, zu Fußbädern.
In der Küche: Natürlicher Gelbfarbstoff anstelle von Safran. In Fischsuppen, Suppen, Soßen, zu Fleisch.

Dill
Wirkt milchbildend, drüsenanregend, bei Verdauungsstörungen (Tee bei Kleinkindern), bei Blähungen, Koliken, Schlaflosigkeit. Blutzuckersenkend. Ist eine wertvolle Nahrungsergänzung.
Wird verwendet als Gewürz, als Tee, Verwendung der frischen Blätter, der Blüten und Samen.
In der Küche: Frische Blätter oder Körner zu Gemüse aller Art (Blumenkohl, Rosenkohl, Spargel, Schwarzwurzel, grüne Bohnen). Zu Suppen, Soßen, Kartoffeln, in Rohkost, Quark u.v.a.m. Dillblüten sind unentbehrlich zum Einmachen von Gurken, aber auch zum Auskochen für würzige Salatsoßen. – Bei Zuckerkrankheit reichlich verwenden. Geeignet für salzarme Diät.

Estragon
Wirkt magenstärkend, bei Leberverstopfung, bei Gelbsucht. Gut bei Skorbut und Rheuma. Estragon wirkt auch blutzuckersenkend.
Wird verwendet: Frisch. Als Beigabe zu Essig und Öl (in die Flaschen).
In der Küche: Bei Zuckerkrankheit immer reichlich verwenden. Sehr geeignet für salzarme Diät. Zu allen Salaten, zu Rohkost in Kräutermischungen. Auch zu Mischungen für Kräutersuppen und -soßen.

Fenchel
Wirkt gut auf Bronchien und Lungen und bei Husten. Gut für Galle. Milchbildend.
Wird verwendet: Samen als Tee. Knolle als Gemüse. Blätter als feines Gewürz in Mischungen. Samen zus. mit Anis, Kümmel, Koriander (Auszug) mit Honig gegen Husten.
Verwendung in der Küche: Samen zu Roten Rüben, pulverisiert zu Karotten-Rohkost, Knolle als Gemüse, Blätter wie Dill verwenden. Ist feinste Würze.
Kosmetik: Fencheltee mit Honig, Quark und Heilerde für eine Maske mischen und auftragen.

Kerbel
Wirkt blutreinigend, wassertreibend, beruhigend. Gut für die Verdauung.
Wird verwendet: Frisch und getrocknet.
In der Küche: Zur Frühjahrskur in Suppen und Soßen, zur Rohkost, in Quark u.ä.
Kosmetische Anwendung: Kerbel abkochen, Waschungen bei Hautleiden.

Knoblauch
Wirkt desinfizierend, hemmt Fäulnis-Bakterien, beugt Arterienverkalkung vor, gegen hohen Blutdruck, blutreinigend, günstig auf Blutkreislauf. Regelt Darmflora.
Wird verwendet: Sollte tägliches Gewürz sein. Evtl. mit Petersilie zusammen. Evtl. auch als Pulver.
In der Küche: Roh in Salaten, zu Suppen, zu Fleisch, besonders zu fettem Fleisch (Hammel), auch Gulasch, Fischsuppen, zur Kräuterbutter und vielen Speisen, wichtig für das Einmachen (konserviert gut), bei Gurken z.B.

Koriander
Wirkt Magen und Darm kräftigend, Verdauung fördernd, gut auf Leber, gut für Stillende.
Wird verwendet: Die Samenkörner, auch Ölauszug zum Einreiben.
In der Küche ungemahlen und gemahlen zu allen Kohlspeisen, zu vielen Kartoffelspeisen, in Brotbäckereien, zu Roten Rüben, in der Rohkost, zu Quark, zu allen schweren und fetten Speisen.

Kümmel
Wirkung und Verwendung s. Koriander

Kresse: Brunnen-, Garten-, Kapuzinerkresse
Wirkt: Hoher Gehalt an Vitamin C. Gut für Magen/Darm, bei Infektionen.
Wird verwendet: Blätter frisch, bei Kapuzinerkresse vor der Blüte!
In der Küche als Beigabe zu Salaten, als Salat allein, zur Rohkost. Früchte zum Einlegen in Essig. Vorsicht bei Schwangerschaft, besonders hinsichtlich Brunnenkresse.

Lavendel
Wirkt gut auf die Drüsen, galletreibend, nervenberuhigend.
Wird verwendet: L.-Spiritus, als Badezusatz.
Kosmetische Anwendung. Gegen schlechten Geruch in alten Schränken, vertreibt Motten. Für den Wäscheschrank.
In der Küche: Grüner Zweig zu Braten, zu allen Fleischspeisen.

Liebstöckel
Wirkt desodorierend, verbessert Hautausdünstungen, entgast, wirkt gut auf Verdauungs-Apparat. Auf Hautunreinheit von innen her. Reinigt die Nieren.
Kosmetische Verwendung: Als Badezusatz bei Hautleiden. Abkochungen für Bad, Waschungen, als Tee.
In der Küche: Schwache Dosierung, aber regelmäßig, zu Brühen, Suppen, zu herzhaften Gerichten.

Löffelkraut
Wirkt skorbut-abwehrend, hoher Gehalt von Vitamin C.
In der Küche: Frischverwendung zu allen rohen Speisen, kann auch mitgedämpft werden.

Majoran
Wirkt gut bei Magen-Darmbeschwerden, Koliken, schweiß- und wassertreibend, nervenstärkend.
Wird verwendet: Frisch, auch getrocknet, als Tee.
Kosmetik: zu Abendbädern.
In der Küche zu Klößen, Kartoffelspeisen aller Art, zu Füllungen und Gemüsen. Nicht bei hohem Blutdruck geben.

Meerrettich
Wirkt: Regt Appetit an, fördert die Verdauung, hilft der Leber und Galle, bei Gicht und Rheuma, entwässernd und harntreibend. Gilt als »Antibiotikum«, entzündungshemmend. Konservierend.
In der Küche. Als Soße (Gemüse), zu Fleisch, Kartoffeln, roh zu geräuchertem Fisch. Mit Äpfeln und Rahm mischen als feine Beilage. Unentbehrlich zum Einlegen von Gurken u. ä.

Melisse
Wirkt beruhigend, schleimlösend, gut bei Schlaflosigkeit, gut für Magen und Darm.
Wird verwendet: Alkohol-Auszug als Melissengeist.
Kosmetisch als Gesichtskompressen, als beruhigendes Bad.
In der Küche: in aller Rohkost, in allen Frischsalaten, in Kräutersuppen und -soßen.

Petersilie
Wirkt: Regt Verdauung an, hat sehr viel Vitamine A, B und C, harntreibend, entwässernd, appetitanregend.
Wird verwendet: Blätter und Wurzeln, aber nicht der Samen!
In der Küche regelmäßig, aber nicht einseitig. Kann reizen (Leber, Nieren). Zu vielen, fast allen Gemüsen, Salatsoßen, Rohkost, Quark, Kartoffeln, Füllungen.

Pfefferminze
Wirkt krampflösend, schmerzstillend, entzündungshemmend (Magen).
Wird verwendet als Tee, als Öl bei Nervenschmerzen, Magenweh. Wirkt antiseptisch.
Wird verwendet in der Küche wenig, aber zu Braten, Gemüsen, in Mischungen.
Merken: Pfefferminze nicht längere Zeit hintereinander verwenden (Tee!). Kann sich schädigend auf die Augen auswirken.

Pimpernell s. Bibernelle
Ringelblume s. Calendula

Rosmarin
Wirkt krampfstillend, kreislaufanregend, bei Erschöpfung, gut für Nerven, Drüsen, bei hohem Blutdruck. Galletreibend.
In der Küche zu Fleisch, zu vielerlei Klößen, zu allen schwerverdaulichen Füllungen.
Kosmetik: Hautwaschungen, Badezusätze, Dämpfe, Haarspülungen.

Salbei
Wirkt blutreinigend, gut auf Leber und Galle, Gicht, Rheuma. Günstig bei Zuckerkrankheit, bei Halsentzündungen. Entzündungshemmend, desodorierend.
Wird verwendet als stärkender Bäderzusatz, Tee zum Gurgeln, frische Blätter als Auflage.
Kosmetik: Haarspülungen, Gesichtsdämpfe mit Kamille zusammen. Desodorierendes Mittel, vertreibt Motten.
In der Küche: Bei Zuckerkrankheit reichlich verwenden. Zu Braten, Soßen, Fisch, Klößen, zu Leber usw.

Sauerampfer
Wirkt blutreinigend, appetitanregend, verdauungsfördernd, hoher Vitamin-C-Gehalt.
In der Küche: nicht zuviel auf einmal (Oxalsäure). Im Frühjahr als Kur zu Kräutersuppen und -soßen.

Schnittlauch
Wirkt blutdrucksenkend, magenstärkend, appetitanregend, heilsam für Nieren und Venen.
Verwendung: frisch.
In der Küche: Laufend und täglich verwenden auf alle Brühen, Suppen, aufs Brot, zu Salatsoßen, zu Eierspeisen.

Sellerie
Wirkt: Als Knolle und Blatt und Stiel. Verwendung: besondere Zuckerdiät! Bei Wassersucht, ist wassertreibend, gut bei Gicht und Rheuma.
Wird verwendet: roh, gekocht, als Saft (in Mischung), getrocknet.

Oben: Tomaten, eintriebig gezogen. Trotzdem bleiben die untersten zwei bis vier Nebentriebe bis zur Bildung der ersten Blüten stehen. Danach werden sie abgekappt. Auf diese Weise erreicht man die erwünschte Anzahl von Fruchtständen zu einem früheren Zeitpunkt.

Unten: Iris stehen gut an Rändern von Rosenbeeten. Anspruchslose, trockenheitliebende, auch alte Sorten bilden dichte Horste und sind treue Begleiter über Jahrzehnte.

In der Küche: Bei Zucker reichlich verwenden, ebenso bei mangelndem Wasserabgang. Zu allen herzhaften Speisen, in Brühen, Suppen, als Gemüse, als Salat, roh und gekocht. Für kochsalzarme Diät.

Senf
Wirkt heilend, reinigend, desinfizierend, regenerierend. Zur Darmregulierung. Steigert Tätigkeit aller Ausscheidungsorgane, bes. Galle und Leber.
Wird verwendet als Senfkorn, Senfmehl, Öl, Pflaster, junge, grüne Pflanze.
In der Küche: Korn zum Frühstück mit Wasser. Körner zum Einmachen (konserviert), als Pulver zu vielen Speisen, die leicht verdaulich werden, an Salaten, Speisesenf zu Salatsoßen, zu Eiern. Senfpulver sollte bei jeder Mahlzeit verwendet werden! Junge, grüne Pflanze unter Rohkost, grünen Salaten wie Kresse zu verwenden, ist aber milder!

Thymian
Wirkt bei Husten desinfizierend durch das ätherische Öl.
Wird verwendet als Tee gegen Würmer.
Kosmetisch als Badezusatz.
In der Küche: sehr feines Gewürz für Hülsenfrüchte, Kartoffelspeisen, Bohnen (weiße), Braten, Soßen, Klöße, Suppen.

Wacholder
Wirkt harntreibend, deshalb gut bei Gelenkkrankheiten, blutreinigend, harndesinfizierend, appetitanregend, desinfizierend. Besonders gut ist Wacholder für Zuckerkranke.
Wird verwendet roh gekaut, mitgekocht. Vorsicht, kann Nieren reizen.
In der Küche im Sauerkraut, zum Einlegen von Gurken, zu Roten Rüben, gemahlen zu Soßen, ganz in Rahm- und Wildsoßen, Blaukraut, in herzhaften Brühen, z.B. Zungen- oder Herzbrühen, braunen Suppen.

Wermut
Wirkt gut auf Drüsen, Verdauung, Magen, Galle, Kreislauf, blutverbessernd. Bei Fettsucht.
Wird verwendet als Tee, löffelweise. Nicht bei Blutungen trinken.
In der Küche als Gewürzkraut wegen seines Bitterstoffes ungeeignet.

Ysop
Wirkt sofort gegen Schnupfen, wenn Dampf eingeatmet wird. Verdauungsfördernd.
In der Küche zu Braten, zu allen gröberen Speisen.

Zwiebel
Wirkt blutzuckersenkend wie kaum ein anderes Gewürzkraut. Hoher Gehalt an Vitamin C, innerlich desinfizierend. Darmfloraregulierend. Enthält »herzwirksame Stoffe«. Wirkt auch äußerlich bei Hautschäden.
Wird verwendet roh, gekocht, als Saft.
In der Küche: Gewürz für Zuckerkranke. Möglichst roh. Täglich und zu allen Mahlzeiten, auch als Gemüse, gefüllt, gemischt mit grünen Kräutern usw.

Tiere im Garten

Wenn uns im Garten Tiere begegnen, so sehen wir sie – und meist nicht zu unrecht – zunächst als Schädlinge an. Das sind die Blattläuse, Ameisen, Schnecken, Spinnen und Wühlmäuse, mancherlei Raupen, Asseln, Ohrwürmer, Tausendfüßler – bis hin zum Maulwurf und zur Maulwurfsgrille (Werre).

Wenn der biologisch denkende Gärtner auch giftige Mittel zur Bekämpfung der Tiere meidet, weil er weiß, daß es nicht nur Schädlinge, sondern auch Nützlinge im Garten gibt, so muß er um so mehr überlegen, welche Arten er als Nützlinge ansehen soll: Welche Tiere leben lassen und welche nicht?

Wiederum sollten wir nach dem Vorbild der Natur handeln und kein Tier ausrotten. Alle Tiere sind eingegliedert in den natürlichen Kreislauf, alle haben sie ihre Bedeutung durch ihre Tätigkeit, ihr Kommen und Vergehen. Jedes Tier lebt von einem anderen, jedes kann zum Nützling werden, indem es den Ausgleich schafft, damit ein anderes Tier nicht zum Schädling wird. Echte Wechselwirkungen kann der aufmerksame Gärtner in diesem Geschehen beobachten.

In den vorhergehenden Kapiteln wurden die Wechselwirkungen zwischen Pflanze und Pflanze und Pflanze und Boden besprochen. Es ist nun besonders interessant und aufschlußreich, die Beobachtungen auf die Beziehungen zwischen Tieren, Pflanzen und Boden auszudehnen.

Treten im Garten besonders lästige Tiere auf, also echte Schädlinge – beispielsweise Werren, Erdraupen und Drahtwürmer –, so ist dies eine Ausnahme. Wir werten ihr Auftreten als eindeutiges Zeichen eines in Unordnung gekommenen Bodens oder eines Bodens, der sein Gleichgewicht noch nicht gefunden hat. Dies ist zum Beispiel zu beobachten beim Umbruch einer Wiese. Gegen diese eindeutigen Schädlinge müssen wir gezielt vorgehen. Ist der Boden wieder in Ordnung, so treten sie nicht mehr auf.

Alle anderen Tiere aber vertrauen wir dem großen, ausgleichenden Naturgeschehen an; und wir werden sehen, wie sich innerhalb einer Lebensgemeinschaft gegenseitig die Tiere »in Schach halten« und dann von eindeutigem Schaden nicht mehr die Rede sein kann. Alle Tiere müssen vorhanden sein, damit eines dem anderen Nahrung sein kann und die besonders nützlichen Tiere ausreichende Lebensbedingungen haben. So können Tiere ein gestörtes Gleichgewicht, aber auch einen lebendigen, gesunden Garten anzeigen.

Wir werden uns deshalb hüten, erkennbare Schädlinge blindlings zu vernichten, wenn wir die Antwort auf folgende Fragen kennen. Welche Aufgaben haben sie – zum Beispiel Nahrung zu sein für andere Lebewesen? Wer lebt von wem? Wer ist auf wen angewiesen? Dann ist uns klar, daß kein Glied in der Kette fehlen darf und es schlimm wäre, wenn nicht beispielsweise Aasvertilger im Garten aufräumen würden. Ebenso schlimm wäre es, wenn Tierarten dezimiert würden, die schon die Larvenformen späterer Schädlinge aufnehmen und dadurch ein Überhandnehmen einzelner Arten verhindern, die durch ihren Lebensanspruch – Fressen, Vermehrung und Brutpflege – zur Landplage werden könnten.

Der Naturgarten, immer mehr zu einem ungeschädigten Stück Natur entwickelt, ist die ge-

Linke Seite:
Viele unserer Schmetterlinge sind über ihre Raupen von Wildkräutern abhängig, besonders von Brennesseln. Zwischen den Herbstastern darf deshalb auch einmal eine Brennessel stehen bleiben.

sunde, ungefährdete Heimat von Kleintieren, die wiederum zu einem gesunden Garten beitragen.
Ob im natürlichen Geschehen eines Gartenjahres irgendwelche nicht abwendbaren Einbrüche vorkommen, hängt aber nicht von uns Naturgärtnern und unserem möglichen Fehlverhalten allein ab. Gestörte Großwetterlagen, gestörte Atmosphäre und ähnliches können beispielsweise einen Schlupf von Nützlingen verzögern, die so im verkehrten Ablauf sich möglicherweise sogar zu Schädlingen entwickeln. Die Frage »Nützling – Schädling« ist also nicht allein vom Gärtner abhängig; aber er wird Maßnahmen ausführen, von denen er durch seine Beobachtungen im Naturgarten weiß, daß sie Schäden verhüten. In diesem Zusammenhang – Verhütung von Schädlingsfolgen, die oftmals Vorstufen für Krankheiten sind – spielt auch die Gemüsemischkultur eine wichtige Rolle. Die Zusammenstellungen – siehe Anbauphasen und Anleitung – haben sich über viele Jahre hin bewährt. In diesem Buch nun wird die Reihen-Mischkultur in einen Phasenablauf eingegliedert – siehe Abbildungen S. 34/35.
Zur Vorbeugung gegen Schädlinge und Krankheiten sind aber nicht nur die Reihenabstände und innerhalb der Reihen der Wechsel nach Pflanzenarten und -familien zu beachten, sondern auch die Wuchsform der Pflanzen.
Dazu ein Beispiel: Wenn Stangenbohnen nicht die notwendigen 2 m Entfernung bekommen (entsprechend Erbsen und Puffbohnen), so werden sie immer von Läusen befallen. Wenn sie durch richtigen Reihenabstand genügend Luft haben, erledigt sich die Frage nach Abwehrmitteln von selber.
Dieses Problem gibt es aber nicht nur im Gemüsegarten, sondern ganz besonders auch bei Rosen.
Werden sie an Hauswände oder aber auf Beete unvernünftig dicht gepflanzt, dann sind sie immer mehltauanfällig. Ihre Schönheit kommt nicht mehr zur rechten Wirkung – denn es gibt keine Schönheit ohne Gesundheit.

Mikrofauna

Die meisten der im Garten lebenden Tiere sind für uns unsichtbar. Sie befinden sich im Boden und zeigen ihr Vorhandensein nur dadurch an, daß der Boden immer humoser, belebter, dadurch leichter bearbeitbar und ertragreicher wird, sofern seine Bewohner durch Zufuhr oganischer Masse ernährt werden. Dann vermehren sie sich und unterstützen unsere humusfördernden Maßnahmen.
Diese unsichtbaren Tiere sind wichtigster Bestandteil der Böden, und wo sie fehlen, wird dies deutlich spürbar, indem der Boden an Gare verliert. Diese Böden sind schwerer zu bearbeiten, und es muß nachgeholfen werden durch Düngung mit organischen Düngemitteln tierischer Herkunft. Durch Bereitstellung pflanzlicher Substanz mit Hilfe des Flächenkompostes kommt das Bodenleben wieder in Gang. Es muß also zugefügt werden, was von Natur aus vorhanden sein sollte. Diese kleineren und größeren Tiere leben im Gartenboden, lassen ihre Ausscheidungen dort, verenden dort und düngen den Boden mit ihren verwesenden Körpern. Sie leben von ihrer Bodenumwelt, von absterbendem Pflanzenmaterial und von den vielfältigen Bodenbakterien.
Zu dieser Tierwelt im Boden – Bodenfauna – kommt nun die pflanzliche Kleinstlebewelt, die Mikroflora, die in der gleichen Weise lebensnotwendig ist.

Größere Tiere

Zu den mit bloßem Auge sichtbaren Tieren im Garten – abgesehen von den größeren Tieren, wie Igel, Eichhörnchen, Vögel, Siebenschläfer – gehört vor allem der **Regenwurm.** Seine Tätigkeit und sein großer Wert für den Garten sind bekannt. Er kann aber nur leben in einem belebten Boden mit viel Nahrung. Dann durchlüftet er den Boden, und Wasser und Luft können zirkulieren. Der Regenwurm schafft damit den unterirdischen Lebewesen erst ihre Lebensbedingungen. Darüber hinaus durchmischt er den Boden und reichert ihn an den Wänden seiner Gänge mit Nährstoffen an.

Es muß nicht eigens gesagt werden, daß der Regenwurm durch salzhaltige Düngemittel geschädigt werden kann. Wer einen Garten von seither üblicher auf biologische Gartenpflege umstellen will, müßte wohl als erstes von den Düngesalzen wegkommen.

Gelegentlich begegnet man einem Maulwurfhaufen als sichtbarem und störendem Zeichen vom Vorhandensein des **Maulwurfs,** meist in nicht bearbeitetem Boden, zum Beispiel auf Wiesen, kaum einmal im Gemüseteil des Gartens. Er fühlt sich wohl unter Grasdecken und in unbearbeitetem Boden. Dort wirkt er als Erddurchlüfter, auch »Bodenproduzierer«. Seine hochgeworfene Erde ist besonders fein – geeignet für Saatkästen. Wären seine »Haufen« nicht so ärgerlich, könnte er als Fleischfresser geschätzt werden, weil er allen Arten von Mäusen nachgeht, auch Wühlmäusen, die oft dieselben Gänge benutzen. Er stellt auch den Engerlingen nach, den Erdraupen, über die seit langem immer mehr geklagt wird. Der Maulwurf frißt nicht zuletzt gerne Drahtwürmer und Schnecken.

Zu den größeren Tieren gehört ferner die oben als Schädling genannte **Maulwurfsgrille.** Man findet sie gelegentlich an welkenden Pflanzen. Sie kommt nicht überall vor, besonders häufig aber im Weinklima, und immer dann, wenn ein Boden durch jahrelange Monokultur anspruchsvoller Pflanzen, die durch hohe Direktdüngung ihre Erträge bringen sollten, aus seinem Gleichgewicht kam. Daß Maulwurfsgrillen, auch **Werren** genannt, alles fressen – auch Engerlinge, Drahtwürmer und Raupen, aber eben in der Hauptsache Wurzeln und Pflanzen –, macht sie zu gefürchteten Schädlingen und nur in ganz eingeschränktem Maß zu Nützlingen.

Die natürlichen Feinde der Maulwurfsgrille sind Stare, Amseln, Spitzmäuse. Alle drei können in unseren Gärten vorkommen. Feind der Maulwurfsgrille ist auch der Maulwurf, daher ihr Name. Die enge Verflechtung wird wiederum sichtbar: Bei Verbesserung des Gleichgewichts im Boden könnte sich der ausgesprochene Schädlingscharakter der Maulwurfsgrille ändern.

Schnecken zeigen sich in den Gärten eigentlich immer als Schädlinge, besonders die kleinen Nacktschnecken (die kleinen Gartenwegschnecken). Diese können, zunächst fast unbemerkt, sehr viel Schaden anrichten.

Aber auch die Schnecken haben ihren Platz im Ablauf des biologischen Geschehens. Manche Arten dienen zur Vertreibung anderer Schneckenarten. Und Kämpfe zwischen Schnecken und Schnecken sind auf Gartenwegen oftmals zu beobachten. Von der Wegschnecke weiß man, daß sie als Allesfresser auch schwache oder umgekommene Artgenossen frißt. Sie wird als »Aufräumer und Straßenkehrer der Natur« bezeichnet. Schnecken können sich also gegenseitig auch selbst in Schach halten.

Über die Problematik des Vertilgens von Schnecken wird noch gesprochen, auch über ihre sinnvolle Bekämpfung – siehe Abwehr der Schneckenplage im Anschluß an die Wechselwirkung im Garten.

Der **Goldlaufkäfer** gehört zu den ins Auge fallenden Tieren im Garten; er lebt nicht nur von Schnecken, sondern frißt in großer Anzahl Insektenlarven. Auch Raupen frißt er, er wird auch eingesetzt gegen Waldschädlinge. Wir werden also Käfer keinesfalls zertreten und Kindern erklären, daß auch diese Tiere ein Lebensrecht haben und nützlich sind.

Sichtbar sind auch die **Ohrwürmer,** die zunächst als Nützlinge Blatt- und Schildläuse vertilgen. Besonders nützlich sind sie deshalb im Obstbau. Zu Schädlingen können sie werden, wenn diese tierische Beute fehlt und wenn sie Durst haben; dann erst gehen sie an Pflanzenkost.

Hier und in vielen anderen Fällen kann der Gärtner nicht eingreifen, denn diese Abweichungen hängen mit dem Witterungsverlauf, in einem Jahr mit einer Verfrühung und im anderen Jahr mit einer Verspätung des normalen Ablaufes, zusammen.

Es ist durchaus möglich, daß in einem Garten alle diese Tierarten leben, ohne daß Schäden entstehen müßten. Aber das Vorkommen der verschiedenartigsten Tiere ist schon bedingt durch den Witterungsverlauf des Vorjahres. Hier liegen meist die Ursachen für Störungen im Jahr darauf.

Die Zusammensetzung der Tiergesellschaft

Wenn es durch eine Radikalbekämpfung in dem einen Jahr keine oder nur sehr wenig Läuse gibt, kann z.B. der Marienkäfer sich nicht genügend ernähren und vermehren. So kann man mit Sicherheit annehmen, daß das Jahr danach ein extremes Läusejahr wird. Das Beispiel Marienkäfer ist deshalb gewählt, weil er als Nützling bekannt ist, besonders als Läusevertilger. Zusammenfassend sei gesagt: Viele Schädlinge in einem Jahr – also Nahrung für Nützlinge – gibt viele natürliche Feinde im nächsten Jahr! Das Bild Seite 109 zeigt beide – Läuse und Marienkäfer – in Tätigkeit. Die große Zahl dieser über Nacht aufgetretenen Läuse wurde vertilgt, so daß die Pflanze ungeschädigt blieb. Was aber wäre erfolgt, hätte man die Läuse auf seither übliche Art totgespritzt? Mit Sicherheit wäre auch der Abwehrer Marienkäfer getroffen worden.

Gegenseitige Abhängigkeiten

Die Frage nach der Zusammengehörigkeit von Tieren und Pflanzen und Boden sei noch in einigen Sätzen behandelt. Die Überschrift würde heißen: Wir müssen versuchen, in Zusammenhängen zu denken und zu sehen, daß im Garten wie im Naturhaushalt alle Lebewesen voneinander abhängig sind. Für den Garten heißt dies:

Pflanzen brauchen andere Pflanzen, sie brauchen sie als Partner in vielerlei Beziehung – siehe Mischkultur.

Kulturpflanzen aber brauchen als Begleitpflanzen Kräuter der verschiedensten Art, also Heil- und Küchenkräuter als Gesundheitsspender, als Auflaufhilfe, als Schattenspender und zugleich als Schutz vor Schädlingen und vor Krankheiten.

Kulturpflanzen brauchen Wildkräuter, die ihren besonderen Wert vermitteln sollen, bis sie anfangen zu stören und entfernt werden müssen. Diese Begleitflora ist vielfach unentbehrlich; als Unterwuchs und Schutz der Bodendecke, auch als Bodenanzeiger.

Tiere im Garten brauchen Pflanzen, die Bienen zum Beispiel müssen sich ernähren können, sie müssen auch den Honig ansammeln können.

Pflanzen brauchen Tiere. Wiederum sei das Beispiel Biene genannt. Damit aus Blüten Früchte werden können, müssen Bienen und andere Insekten als Befruchtungsvermittler dienen.

Vögel brauchen Pflanzen als Nahrungsquelle, auch als Brutstätten. Sie und andere Tiere, beispielsweise Wespen, brauchen eiweißreiche Nahrung für ihre Brut, sie picken als echte Gartenhelfer die kleinsten Insekten ab, die sonst mit Sicherheit zu Schädlingen würden.

Tiere im Garten brauchen andere Tiere, als Regulator. Ein klassisches Beispiel ist der eben geschilderte Zusammenhang von Blattlaus und Marienkäfer – siehe noch einmal das Bild der Marienkäfer an verlaustem Rosenstock. Bei diesem einleuchtenden und jedem bekannten Beispiel ist deutlich zu sehen, daß Nahrung für den Käfer zugleich Reduzierung der Läuse bedeutet, diese Nahrung aber zugleich notwendig ist zur Erhaltung des Regulators Marienkäfer. Deshalb werden wir das Vorhandensein einer Blattlaus in Zukunft mit anderen Augen sehen.

Tiere brauchen Wildpflanzen, damit sie dort Eier ablegen und Nachkommen aufziehen können. Die schönen Falter aber, die in unseren ach so blanken Gärten keine Brennesseln oder andere Wildpflanzen mehr finden, bekommen nie eine Chance, sich darin zu vermehren und darin zu fliegen. Auch der Marienkäfer braucht die Brennessel als Brutstätte..

Der Boden, Grundlage unseres Gartenbaus, kann nur vollwertig sein und bleiben, wenn er eingefügt ist in den Kreislauf von Aufbau und Abbau organischer Substanz. Die Zerfallsprodukte müssen zu neuem Aufbau zur Verfügung stehen. Das kann über den Flächenkompost unter Mithilfe tierischen Lebens geschehen. Nur aus diesem lebendigen Zusammenspiel aller auf- und abbauenden Naturkräfte im Jahresablauf kann ein Boden entstehen, in dem vollwertige Nahrungspflanzen wachsen.

Wenn Tiere zu Schädlingen werden

Zunächst ein Rückblick auf die Schädlingskalamität ganz allgemein – auf die Schnecken kommen wir dann gleich. Als vor Jahren überall in den Gemüsegärten die Schäden überhandnahmen, wurde eben »gespritzt«. Mit dem Ruf nach Umwelt- und Naturschutz wurden auch die Haus- und Kleingärtner aufgerufen, bei der Wiederherstellung des Gleichgewichtes in der Natur mitzuhelfen und Gifte zu meiden. In weiten Kreisen war man zunächst ratlos. Erst allmählich begriff man, daß nach dem Beispiel des biologischen Gärtnerns ein ganzes Bündel ökologisch begründeter Maßnahmen zu treffen ist: Man gräbt nicht mehr allherbstlich routinemäßig um, sondern lockert den Boden mit der Grabegabel, gibt Bodenbedeckung und lernt, fruchtbaren Kompost zu machen. So kommt das Bodenleben zur Ruhe, die Pflanzen werden harmonischer ernährt und damit von vornherein widerstandsfähiger. Man kommt mit angepaßten Säzeiten bestimmten Schädlingen zuvor, beispielsweise der Möhrenfliege durch Frühsaaten, man pflanzt Hecken, um Windschutz zu geben und das Kleinklima zu verbessern. So verstärkt man den vorbeugenden Pflanzenschutz. Man hängt wieder Nistkästen auf und treibt biologische, das heißt zoologische Schädlingsbekämpfung. Erst zusammen mit all diesen ökologisch begründeten Maßnahmen können dann die ungiftigen Hilfsmittel wirken.

Sinngemäß ist heute die Lage bei der Schneckenplage. Wir sollten uns nicht nur fragen, was im Augenblick, also am Morgen eines »Schneckentages« zu tun sei – Schnecken ablesen, ersäufen, Schneckenbrühe machen, kostspielige Schneckenzäune aufstellen, und was sonst der einzelne noch für möglich hält –, sondern den Ursachen der Plage nachgehen, um alsbald eine Antwort zu finden.

Zur Biologie der Schnecken

Der Wassergehalt der Atmosphäre – also tiefer Barometerstand und bevorstehender Regen – begünstigt die Lebenstätigkeit des »Schneckenorganismus«; das ist eine alte Erfahrung im landwirtschaftlichen und gärtnerischen Bereich. Ebenso wissen wir, daß austrocknende Wärme die auf Feuchtigkeit angewiesenen Schnecken in feuchte Schlupfwinkel vertreibt. Die finden sie in den Gärten im krautigen Anteil des Kompostes, unter Platten und Brettern, im Wurmkompost in guter Gesellschaft von Rotwürmern *(Eisenia foetida)*, Asseln, Tausendfüßlern. Dort finden sie auch alles, was sie an Kost lieben, und dort können sie auch Eier legen. Im Mai/Juni ist erste Begattungszeit, und es ist entscheidend, die Schnecken an solchen bekannten Stellen einzusammeln, um wenigstens diese Vermehrung zu verhindern. Später wären es dann je Schnecke schon 60 bis 80 Nachkommen und mehr, die man nicht im entferntesten mehr einsammeln könnte.

Jede Schnecke legt, im Boden verborgen, jährlich mehrere hundert der kugelrunden weißen Eier mit einem für das Auge erkennbaren winzigen, in Feuchtigkeit schwimmenden Embryo. Durch leichten Druck kann man ihn mitsamt dem »Fruchtwasser« in die Luft hinausschnellen lassen. An die Luft gebracht wirken Sonne, Wind, Trockenheit vernichtend. Deshalb sollte der Haus- und Kleingärtner die Regel streng befolgen: *Schneckeneier finden, heißt sie vernichten.* Mit tieferen Frostgraden, denen die Eier nicht gewachsen sind, ist nicht sicher zu rechnen. Eine Aufnahme zeigt Schneckeneier in »unberührter

Pracht«, wie wir sie fanden (siehe Foto). Wichtig ist, daß wir im bearbeiteten Gemüseteil nur einmal ein Eierhäufchen gefunden haben. Vermutlich beweist diese Tatsache unsere Annahme, daß Flächenkompost für Schnecken kein Schlupfwinkel ist. Dagegen wurden Schneckeneier an vielen anderen Stellen gefunden: versteckt unter moderndem Laub oder etwa 5 cm tief im Boden, besonders aber in der Nähe von Pflanzen, die sie lieben.

Die herbstliche Lockerung des Bodens um die Stauden herum bringt die Eier an den Tag, buchstäblich. Auch beim Einstechen und Hochheben des Bodens mit der Grabegabel werden Schneckeneier sichtbar. Wenn sie dann offen und obenan liegen bleiben, sterben sie in Luft und Sonne ab – sie trocknen ein. Bei trocken-warmer Luft ohne Sonne nimmt man die Eier mit kleiner Schaufel auf und wirft sie mitsamt den Erdkrümeln auf eine trockene Unterlage. Es ist also auch aus diesem Grund wichtig, den Boden im Herbst nicht umzugraben und umzudrehen – wobei die Schneckeneier gut zugedeckt den Winter prächtig überstehen könnten –, sondern einzustechen und anzuheben: Schneckeneier sind dabei leicht zu finden.

Von Schnecken bevorzugte und gemiedene Pflanzen

Schneckenschaden ist ärgerlich, und der Gartenfreund fühlt sich hilflos dem Geschehen ausgeliefert. Es lohnt sich deshalb, bei der Auswahl der Pflanzen darauf zu achten, welche Arten nicht gefährdet sind. Zeigte es sich doch, daß es ein großes Sortiment von nicht schneckengefährdeten Pflanzen gibt.

Gefährdet sind auf alle Fälle Lilien, diese dazu noch durch den Lilienkäfer, Iris – besonders die hellen Sorten! –, Kaiserkronen und – merkwürdigerweise eine alte Pflanze, die in allen Bauerngärten steht – die Fein- oder Glattblattaster *(Aster novi-belgii)* und die Bergaster *(A. amellus)*. Nicht gefährdet ist dagegen die Rauhblattaster; sie steht in schönen

Oben: Ameisen sind an der Samenverbreitung aller Frühblüher beteiligt. Bei in Sand verlegten Platten verwandeln Ameisen sterilen Sand in belebten Boden. Bei diesem Päonienbild wirkt die »Schutzameise« als Abwehr des Rosenkäfers.

Unten: Solche fast geschlossenen Häufchen von Schneckeneiern sind unübersehbar – hier unter Stroh. Flächenkompost, der nie aus Stroh besteht, ist längst verrottet und bietet keinen Schlupfwinkel.

Farben ungeschädigt, vielleicht weil sie unangenehm riecht.

Anfällig sind auch frisch gesetzte Pflanzen oder schwache Setzlinge, die schwer einwurzeln. Aubrietien, selbst nicht anfällig, bieten den Schnecken oft guten Unterschlupf.

Erfreulich aber die *Liste der Pflanzen, die von Schnecken gemieden werden.*

Akelei	Nelkenwurz
Alant	Päonien
Boretsch	Phazelia
Braunwurz	Rosen
Buschmalve	Rupprechtskraut
Komfrey	Salbei
Dreimasterblume	Schmuckkörbchen
Ehrenpreis, hohe Arten	*(Cosmos)*
Felberich	Storchschnabel-gewächse
Gelenkblume	Spierstrauch
Gemswurz	Taglilien
Goldnessel	Thalictrum
Goldraute	Tränendes Herz
Habichtskraut	Waldglocken-blume, hohe
Heilziest	
Herkuleskraut	
Mohn	

Diese alle zeigen noch ihr Herkommen aus Wildpflanzen. Im Gemüseteil ist alles vor Schnecken sicher, *was rauhe Haare hat:* Boretsch, Wildpflanze Ackersalat, Taubnessel, Brennessel, Gurkenblätter, Tomaten.

Schnecken haben Feinde

Die Igel fressen gerne Schnecken, auch Amseln, Stare und andere Vogelarten. Zu den Schneckenvertilgern zählen auch die Spitzmaus und viele Tiere, die im Feuchtbiotop beheimatet sind. Aus der großen Gruppe der Käfer nennen wir Leuchtkäfer (Glühwürmchen) und Goldlaufkäfer, die den Schnecken zusetzen. Besonders wirksame Schneckenvertilger sind Blindschleichen.

Wenn Tiere zu Schädlingen werden

Zu den Tieren, die leicht zur Plage werden, gehören die Schnecken. Das passiert besonders dann, wenn sie durch den Witterungsverlauf oder auch durch Verschiebung der gewohnten jahreszeitlichen Rhythmen einseitig begünstigt werden. Eingangs dieses Kapitels »Tiere im Garten« wurde deutlich gezeigt, welche Abwehrtiere, auch Abwehrpflanzen, im Garten leben können. Trotzdem kann es vorkommen, daß eine Art – in diesem Fall Schnecken – das Übergewicht bekommt und zur Schädlingsplage wird. Was ist dagegen zu tun?
Schneckenkorn, das oft auch in biologisch gepflegten Gärten verwendet wird, ist ein schädigendes Gift, schädlicher als gemeinhin angenommen wird. Selbstverständlich schadet es nicht den Pflanzen, es kommt auf diesem Weg auch nicht in die Nahrung; aber schon Kleinkindern werden die Körner gefährlich. Und die vergifteten, verendenden Schnecken sind nicht nur für den Igel gefährlich, sondern auch für eine Anzahl anderer Kleintiere, die auf Weichnahrung ausgehen oder, zumindest zu Zeiten, darauf angewiesen sind.
Vögel, und hier besonders die Insektenfresser, also unsere Nützlinge, die Singvögel, die für ihre Brut Regenwürmer und kleine Schnecken holen, sind besonders gefährdet. Auch bei überwachtem Einsatz des Schneckenkornes findet man tote Vögel in der Umgebung, also im Garten selbst. Das Schneckenkorn hat den Schneckenvertilger selbst vernichtet.
Nimmt man trotz aller Warnung Schneckenkorn, so zieht man damit reichlich Schnecken an die Streustellen an und vernichtet eine größere Anzahl. Dann aber sollte man sofort über die toten Schneckenkörper auf der Sammelstelle Kalk oder Steinmehl streuen, damit nicht Vögel und andere Tiere die toten oder sterbenden Schnecken fressen.
Eine Schneckenabwehr anderer Art sei hier empfohlen. Das ist die Schneckenbrühe. Man liest soviel Schnecken ab, abends oder frühmorgens, wie man finden kann, und überbrüht sie sofort mit kochendem Wasser in

einem alten Eimer. Dies ist besser, als sie langsam durch Schneckenkorn eingehen zu lassen. Man vermindert so auch schon die Anzahl der Schnecken.
Man könnte diese Brühe mit gesammelten Schnecken auf den Kompost schütten, sie würden den Kompost anreichern. Man sollte diese Brühe aber für den Bedarfsfall zur Abwehr für kommenden oder zu erwartenden Schneckeneinfall aufheben. Man läßt den Eimer einige Tage stehen, bis der Inhalt stark riecht, und gießt die Brühe dann um gefährdete Kulturen, durch den Brausekopf der Gießkanne, sofern ausreichender Abstand bis zur Ernte gewährleistet ist.
Man kann dies in großen Schwüngen tun, denn die Brühe wirkt auch dünn ausgebracht. Man kann sie aber auch zwischen die Reihen oder um ein ganzes Quartier herum gießen. Auf diese Weise kann zum Beispiel ein Erdbeerstück, überbraust oder zwischen die Reihen um das Erdbeerstück gegossen, frei bleiben von Schnecken.
Das gilt ebenso für ein Gemüsequartier. Die toten Schneckenkörper werden mit verwendet, sie werden zwischen die Reihen gelegt oder mit ausgegossen, je nach Methode. Diese Brühe ist besonders wirksam durch ihren Geruch, der jede kommende Schnecke abwehrt. Die Abwehrwirkung hält einige Wochen an. Daß außerdem die Schneckenkörper ein guter Dünger sind, sei nebenbei bemerkt.
Es ist auch in bösen Schneckenjahren gelungen, die Erdbeerstücke und die Gemüsestücke ganz frei zu halten von Schneckenschaden. Ansonsten waren im Garten, so in den Staudenbeeten, »genügend« Schnecken vorhanden; dort wurden sie auch immer wieder abgelesen, und so konnte im Lauf des Sommers Schneckenbrühe reichlich angesetzt und an gefährdeten Stellen ausgebracht werden. Es hat sich gezeigt, daß die sehr lockenden Schneckenkörner nicht so stark waren wie die Abwehrkraft der Schneckenbrühe. Und diese Abwehr und Vernichtung der Schnecken kostet keinen Pfennig.
Die Brühe schädigt keinerlei Pflanzen, die von der Brühe getroffen werden. Aber nicht mit bloßen Händen einen verwesenden Schneckenkörper berühren, es könnte auch schon bei kleinen Wunden negative Wirkungen haben.
Die meisten Gartenfreunde stört schon das Vorhandensein von wenigen **Blattläusen.** Aber festzuhalten ist: Wenn keine Blattlaus im Garten ist, dann handelt es sich um einen sterilen Garten. Ist keine Laus da, hat der Marienkäfer keine Nahrung. Durch die außergewöhnlich starke Vermehrungsfähigkeit der Läuse treten sie im nächsten Jahr doch wieder auf, dann aber ohne Marienkäfer als Gegenspieler.
Drohen Blattläuse eindeutig zu Schädlingen zu werden, so sei ein unschädliches, ein etwas stärkeres Mittel genannt: eine Mischung von halb Brennspiritus, halb Wasser. Damit wird abgewaschen oder gesprüht (entsprechende Geräte sind auf dem Markt). Im Kapitel »Blumen, Sträucher, Rosen im Mischkulturengarten« und bei der Frage, ob auch Blumen für die Gesundheit des Gartens und zur Abwehr von Schädlingen nützlich seien, werden weitere Vorbeugungs- und Hilfsmaßnahmen gezeigt.
Daß **Ameisen** fast immer als Schädlinge angesehen werden, zeigen die vielen Ratschläge und Tips, die weitergegeben und veröffentlicht werden – alle zur Vernichtung der Ameisen. Der biologisch eingestellte Gärtner fragt sich, warum und mit welcher Begründung die Ameise generell als Schädling gilt, da man mit Sicherheit die Art kennt, die allein schädlich sein kann: Das ist die Wegameise, die Zucker aus den Blattläusen saugt und diese zu weiterem Fressen anregt.
Die einzige schädliche Ameise also, die Wegameise, ist gekoppelt mit dem Läusebefall an Pflanzen. Diese wehren wir durch Beipflanzung geeigneter Pflanzen ab. Sie werden schon in anderem Zusammenhang genannt und seien noch einmal aufgezählt: Lavendel, Salbei, Ysop. Ameisen können auch vertrieben werden mit Farnkrautjauche, die auf die kleinen Baumscheiben gegossen wird, im besonderen Fall auch einmal über eine befallene Pflanze.

Blattläuse an Rosenknospen. Zum Zeitpunkt der Aufnahme zeigen einige Rosen deutlichen Befall. Gleichzeitig mit dem Läusebefall stellt sich der Marienkäfer ein. Wenige Tage später erblühen gesunde Rosen. Weitere Voraussetzung für diesen Erfolg: Lockerung der kleinen Rosenbaumscheibe, gründliches Wässern dort und Begießen dieser Baumscheibe mit unverdünnter Brennesselbrühe.

Ungern gesehen und auch wirklich oftmals Schaden machend sind Ameisen in Erdbeeranlagen. Sie heben die Pflanzen hoch, so daß sie manchmal sogar verdorren. Wer Wermut im Garten hat, sollte ihn heiß aufbrühen und anderntags unverdünnt über die Erdbeerpflanzen gießen.

Alle anderen Ameisenarten aber haben hohen Gartenwert. Sie durchlüften das Erdreich, zerkrümeln und entsäuern es. Alle sind sie Humusbildner. Einwandfrei ist besseres und üppigeres Wachstum überall im Garten dort festzustellen, wo Ameisen ihr Nest haben. Gärten, besonders alte Gärten mit Wildstellen, wo nicht gehackt wird, verdanken den Ameisen das überreiche Vorkommen von Frühlingsblühern an Stellen, wo kein Mensch Samen oder Knollen ausbrachte. Ameisen sind nämlich hervorragende Pflanzenverbreiter. Besonders verbreiten sie alle Frühblüher – Krokus, Schneeglöckchen, Lungenkraut – und mancherlei Wildkräuter, die kleine Samen haben und im Garten schon beheimatet sind, bis hin zum Samen des Portulak oder des Komfrey.

Ameisen verhelfen später im Jahr zu schönsten und vollkommensten Blüten durch ihr Laufen auf den noch geschlossenen Knospen der Päonien. Dies zu beobachten, ist jedes Jahr ein Erlebnis! Die Ameisen laufen entlang feingezeichneter Nähte auf den Blütenknospen, wo ein Saft austritt, den sie lieben. Sie laufen dort so lange, bis die Blüte sich öffnet. Dann ist ihre Aufgabe erfüllt. Nie wurde ein Schaden an auch nur einer dieser herrlichen Päonienblüten gefunden.

Wenn diese »Schutztruppe« der Schutzameisen nicht unermüdlich tätig wäre, könnte der Rosenkäfer Schaden machen. Die Beobachtung an den Päonien ließe sich durch aufmerksame Beobachtungen an anderen reichblühenden Pflanzen erweitern.

Sonstige Tiere als Schädlinge

Zunächst sollte ein biologisch denkender Gärtner nicht in Katastrophenstimmung kommen. Er weiß einiges von den Zusammenhängen in der Natur, vom Jahresablauf, von der Abhängigkeit der Tiere untereinander, von Witterung und Klima, und er wird vorsichtig zu Werk gehen.

Im Kapitel »Unkraut im Garten« sind viele Möglichkeiten genannt, wie man durch richtige Abwehrpflanzen den Befall verhindern kann. Auch wurde gesagt, wie man mit Hilfe der Brennessel-Wildkräuter-Jauchen helfen kann. Entweder man gießt den Wurzelbereich oder die Baumscheibe mit unverdünnter Jauche. Die Abwehrwirkung ist meist verblüffend. Oft reicht es, Jauche oder entsprechende Aufgüsse zu versprühen oder den Wurzelbereich zu lockern und zu wässern.

Obst im Mischkulturengarten

Die Anleitungen über den Gemüse- und Blumenteil des Gartens wären unvollständig, würde nicht auch das Gebiet des Obstanbaues kurz behandelt. Ratschläge für den Beeren- und Kernobstbau sind in der Fachliteratur reichlich vorhanden, aber die Notwendigkeit, auf biologischen Anbau umzustellen, zeigt sich hier ganz besonders dringlich.
Die heute auf allen Gebieten des Gartenbaues, also auch im Beeren-, Stein- und Kernobstanbau geübte Monokultur, brachte die Probleme, die sich in immer mehr Krankheiten und zunehmendem Schädlingsbefall zeigen. Während der Erwerbsobstbau seine eigenen Wege sucht und gehen muß, gelten für die Haus-, Klein- und Siedlergärten sinngemäß dieselben Regeln wie für die anderen Gartenteile. Häufig, um rasch zum Erfolg zu kommen, versucht man die seither gebrauchten chemischen Mittel durch sogenannte biologische Mittel zu ersetzen. Das aber reicht nicht aus.
Es ist notwendig, von biologisch-ökologischen Gesichtspunkten auszugehen: von den Bedürfnissen der Pflanze, ihrer heimatlichen Umwelt, ihren Ansprüchen an Boden und Klima. Die Beschaffenheit des Bodens, die Lage des Gartens und sein Kleinklima sind zu berücksichtigen. Bäume und Sträucher sind an die natürlichen Lebensabläufe der standortgemäßen Vegetation anzupassen. Auch hier sollten wir nicht Schäden heilen, sondern nach deren Ursache fragen, um dann entsprechend anzubauen und zu pflegen.

Linke Seite: Im Vorfeld eines Tümpels ist im Schatten von Weiden, Holunder und Haselsträuchern die Mulde bewachsen: Im Frühjahr herrscht Scharbockskraut vor, es folgen zahllose andere Wildkräuter; außerdem ist sie Heimat vieler Kleintiere.

Beerenobst

Alle Beerenobstarten, besonders aber Erdbeeren und Himbeeren, sind ihrer Herkunft nach Waldpflanzen, die sich wohl fühlen in Lichtungen oder an Waldrändern. Dort haben sie den ihnen wohltuenden lichten Schatten, den immer bedeckten Boden und stehen sie in der richtigen Pflanzengemeinschaft. Auch die wilden Formen von Johannisbeeren und Stachelbeeren sind dort zu finden und geben dadurch Auskunft über ihre Ansprüche. Um den Kultursorten ähnlich günstige Bedingungen zu geben, muß im Garten der Standort sorgfältig ausgesucht und müssen die Bedingungen geschaffen werden, unter denen die Beeren auch in unseren Hausgärten gesund bleiben und gute Ernte bringen können.
Am einfachsten ist dies – weil es sich um Dauerkulturen handelt – bei den Beerensträuchern zu erreichen. Im letzten Kapitel wird besonders der alte Bauerngarten angesprochen. Dort standen die Beerensträucher alle in bester Mischkultur mit anderen Sträuchern, Stauden und kleineren Bäumen. Eine solche gemischte Pflanzung könnte auch für heutige Gärten Vorbild sein. Schäden, über die in jetziger Zeit so häufig geklagt wird, könnten weitgehend vermieden werden, würden die heute üblichen Monokulturen, wo Strauch neben Strauch steht, durch geeignete Zwischenpflanzungen aufgelockert.

Standort, Düngung, Bodenpflege

Ein luftiger Standort mit leichtem Schatten ist notwendig. Alle Beerenobstarten lieben weder stauende Nässe noch Eingeschlossenheit, nicht einmal die direkte Nähe einer Hauswand oder ausgesprochene Sonnenlage.

Als Dünger für alle Beerenobstarten greifen wir auf das Faß mit Brennesselbrühe zurück und geben die Brühe unverdünnt; nur wenn sie zu dick erscheint auch halb und halb mit Wasser verdünnt. Dies sowohl beim Austrieb eines Stockes als auch nochmals nach der Beerenernte. Als Langzeitdünger dient außerdem der entsprechend zusammengesetzte Häcksel, der bei längerer Lagerung zum Häckselkompost werden kann (siehe Kapitel »Häcksel«, speziell über seine Verwendung, Seite 57).

Gerade bei Beerensträuchern darf kein frischer Dünger aufgebracht werden, sei es in Form frischen Stallmistes oder tierischer Jauche, um jede Stoßwirkung zu vermeiden und die Sträucher nicht zu schädigen. Viele Schäden an Beerensträuchern haben ihren Grund in einer solch einseitigen Düngung. Verfrühter Blattfall oder »Abreihern« der Beeren wäre die Folge.

Der Boden unter den hier als Beispiel genannten Johannis- und Stachelbeersträuchern muß immer bedeckt sein, auch bei Häckselunterlage. Und im Gegensatz zum Gemüseteil wird diese Bedeckung mit Stroh ausgeführt. Diese nur für Dauerkulturen empfohlene Strohbedeckung wird in sehr starker Schicht ausgebracht, sie reicht bis an die Verästelung der Sträucher. Im Laufe des Jahres sinkt sie zusammen und wird im Herbst – ohne daß am Boden darunter etwas gemacht wird – erneuert. Den Dauerunkräutern (Winden!) nimmt man dadurch das Licht, dem sie zutreiben. Das Stroh verrottet zuverlässig und gibt einen dunklen, humusreichen Boden.

Im ersten Jahr dieser Form des Beerenanbaues wird im Herbst nachgesehen, ob der Boden locker genug ist. Ist er aus irgendeinem Grund verhärtet, wird er gelockert – wie im Gemüseteil beschrieben: mit der Grabegabel einstecken, ohne den Boden zu wenden und dann erneut bedecken.

Sollte bei Stachelbeeren Mehltau auftreten, was leicht möglich ist, wenn die Triebspitzen nicht gekürzt werden, hilft eine Spritzung mit Schachtelhalmtee. Bei richtigem, also luftigem Standort und bei Zurückschneiden der Triebe im Frühjahr aber wird auch kein Mehltau auftreten.

Begleitpflanzen

Als Mischkultur zur Gesunderhaltung aller Beerensträucher, also als Beipflanzung, ist Rainfarn eine gute Nachbarschaft. Bei Säulchenrost hilft im Sinne der Mischkultur sicher eine Unterpflanzung von Wermut. Es genügt eine Wermutpflanze zu zwei bis drei Johannisbeersträuchern – also Zwischenpflanzung.

Wird im Wald von einer »Begleitflora« gesprochen – gemeint ist die Pflanzengemeinschaft, in der die Kulturen stehen –, wird im Garten eine solche wohlüberlegte Begleitflora den Beerensträuchern beigegeben. Hierzu sind die im Garten schon vorhandenen Heilkräuter bestens geeignet. (Das Stroh soll diese Unter- oder Beipflanzung nicht zudecken.)

Zur Vorbeugung gegen Mäuseschaden, der hier aber in 40 Jahren in der Beerenanlage bei immer gleicher Pflege nie beobachtet wurde, kann eine mäuseabwehrende Pflanze beigegeben werden (siehe Beispiel Knoblauch Seite 86); und unter die Sträucher sollte öfter Holunderjauche gegossen werden.

Alles, was im übrigen Teil des Gartens wächst – Kräuter, vergehende Staudenstengel, Gemüseabfall – kann über Verjauchung, Häcksel oder Kompost in irgendeiner Form diesen Sträuchern wieder zugute kommen.

Der Schnitt der Beerensträucher ist einfach: Die ältesten Triebe werden herausgenommen. Sie sind mit dem bloßen Auge als überaltert erkennbar und machen den jüngeren Trieben Platz, an denen höchste Ernte zu erwarten ist.

Himbeeren

Die Himbeere, neben der Heidel- oder Blaubeere wohl die bekannteste heimische Waldbeerpflanze, ist sehr empfindlich gegen jede Art von rasch wirkendem Stickstoff. Himbeersträucher sollten so natürlich wie möglich gehalten werden. Besonders jeder frische Dünger tierischer Herkunft ist zu vermeiden! Tierischer Dünger kann durch von ihm aus-

Himbeeren (Romy), Haupternte im Herbst bis zu den ersten Frösten. Der Waldhimbeere ähnlich, ist sie nicht anfällig für Rutenkrankheit. Waldähnliche Bedingungen sollten geschaffen werden: ganz leichter Schatten, bedeckter Boden. Nur hier – und bei den Erdbeeren – Stroh zur Bedeckung verwenden.

gehenden Geruch entsprechende Insekten anziehen. Das Ziel bei Himbeeren ist, gesunde Pflanzen heranzuziehen, um später madenfreie Früchte ernten zu können.

Hier ist ganz besonders darauf zu achten, daß sie in guter Bedeckung wachsen, die aus Stroh, auch zusammen mit schon etwas angewelktem Laub, bestehen sollte. Diese kann im Herbst ausgebracht werden. Ehe dann gegen das Frühjahr zu eine neue Bedeckung ausgebracht wird, ist es sehr günstig, eine Düngung in Form von Kompost zu geben. Ebenso günstig ist mit Steinmehl gemischter Häcksel, der an Ort und Stelle verrottet und auf diese Weise die Himbeeren düngt.

Flüssige Düngung – also verdünnte Jauche, am besten aus Holunder, Rainfarn und Schachtelhalm – wird gegeben wie bei anderen Dauerkulturen auch: beim Austrieb und wenn die Ruten abgetragen haben und geschnitten werden. So ist auf einfachste und natürlichste Weise für das kommende Jahr gesorgt.

Wer noch ein übriges tun will, säe als Begleitflora in die Himbeerreihen Ringelblumen *(Calendula)*, die altbewährte Gesundungspflanze, mit hohem Wurzelwert. Dies ist bei Himbeeren besonders wichtig, da eine gesunde Nachbarschaft mit der Ringelblume schon im Boden dafür sorgt, daß gesunde Ruten aufwachsen können, die nicht die Rutenkrankheit bekommen.

Bei diesem Anbau können wir mit besonders schmackhaften Beeren rechnen. Diese Pflegemaßnahmen gelten auch für Brombeeren mit ihrem besonders hohen Vitamin-A-Gehalt.

Johannisbeeren

Die Schwarze Johannisbeere gedeiht bei obiger Pflanz- und Pflegemaßnahme problemlos. Sie »sorgt für sich selber«, indem sie ungeniert alles in Anspruch nimmt, was sie mit ihren Wurzeln erreichen kann. Die Schwarzen Johannisbeeren sollten deshalb etwas weiter voneinander entfernt stehen. Sie sind nicht die beste Nachbarschaft für schwache Pflanzen. Doch kennt sie keinen Schädling – die Blätter haben eine auffallend konservierende Wirkung, die beim Einmachen ausgenutzt werden kann (bei Gurken zum Beispiel). Nur der Säulchenrost auf der Rückseite der Blätter kommt an der Schwarzen Johannisbeere vor; dagegen hilft die Nachbarschaft von Wermut, der hier als Unter- und Mitpflanzung beigefügt ist.

Oft wird über den frühen Blattfall bei den Schwarzen Johannisbeeren geklagt. Dieser kann verhindert werden durch einen kräftigen Guß Brennesseljauche, pünktlich zum Austrieb im Frühjahr und nach der Beerenernte. Der Rückstand aus dem Jauchefaß wird zur Bedeckung um den Stock herumgelegt.

Erdbeeren

Ein Jahr nach der Beipflanzung von Zwiebelpflanzen zu den Erdbeerjungpflanzen. Stroh schützt auch vor Verschmutzung des Erntegutes. Diese Früchte brauchen nicht gewaschen zu werden. Verrottende Strohabdeckung gibt günstigen Standort für Ableger.

Erdbeeren bringen echte Probleme in die Gärten. Diese sind mit darauf zurückzuführen, daß sie auf einem langen Weg aus ihrer Waldheimat herausgeführt wurden, daß sie anspruchsvoll und empfindlich geworden sind. Im Anbau sollen sie nun als Flachwurzler auf unseren blanken, offenen Böden mit den Schwankungen von trocken und feucht, meist auch der prallen Sonne schonungslos ausgesetzt, wachsen und gesund bleiben. Das ist ohne unsere Mithilfe nicht möglich.

Schon als Jungpflanzen sollten Erdbeeren niemals allein stehen, also nicht in einen leeren, offenen Boden gepflanzt werden. Hier stünden sie, noch nicht stabil verwurzelt, allen Witterungseinflüssen preisgegeben. Die Gefahr der Bodenverdichtung ist groß. Er verhärtet nach jedem Regen in der nachkommenden Sonne. Jeder Schädling hätte freien Zugang, und schon im ersten Jahr träte die Frage nach einer Abhilfe auf. Es ist deshalb nicht nur empfehlenswert, sondern notwendig, die jungen Pflanzen in den Mischkulturengarten einzugliedern, das heißt in eine eben frei gewordene Reihe zu pflanzen, die zuvor noch rasch mit einem Heilkraut (Senf) eingesät worden ist.

Für die erste Wachstumszeit hat nun die junge Erdbeere eine schützende Pflanze neben sich und leichten Schatten über sich und kommt schon als gesunde Jungpflanze in den Winter. Es hat sich bewährt, Reihen zu wählen, die als Vorfrucht eine stickstoffsammelnde Gemüseart trugen, also zum Beispiel Erbsen, und mit dem Heilkraut Senf eingesät wurden. Nun wird im richtigen Abstand die Erdbeere eingepflanzt. Ein anderer Weg ist, die Erdbeeren in eine noch bestehende Reihe, z.B. mit Endiviensalat, zu pflanzen. Der Salat wird im Laufe des Herbstes/Winter verbraucht, und die Erdbeerpflanze hat die Reihe dann für sich, ist aber im Schutze des Salates herangewachsen.

Ob in eine Senfreihe oder in eine bestehende Salatreihe gepflanzt, in jedem Fall bekommt die Erdbeerpflanze im Laufe des Herbstes zwischen oder neben sich im Sinne der Mischkultur als Nachbarn eine Steckzwiebel oder auch eine Lauchpflanze – siehe Einzelheiten unter »Frühe Saaten« Seite 19 und »Zwiebelanbau« Seite 39.

Angegossen wird wie üblich mit verdünnter Brennessel-, Komfrey- oder Kohljauche. Diese Jauchen können auch gemischt sein – das ist besonders günstig für die Erdbeere.

Wichtig ist, daß im Vorwinter, nachdem bei Neuanlagen die Jungpflanze fest verwurzelt ist, und auch in mehrjährigen Erdbeeranlagen eine »Vorausdüngung« für das kommende Jahr gegeben wird: Man nimmt dazu Brennnesseljauche, gießt diese neben die Pflanze. Ebenso wichtig ist, daß der Platz zwischen und neben den Pflanzen mit Häcksel gut bedeckt wird. Hier sollte man bei der Herstellung des Häcksels Pflanzen verwenden, die in etwa einen dem Waldboden ähnlichen Boden ergeben können, zum Beispiel vorhandene oder leicht beschaffbare Fichten- oder Tannenzweige, Wacholderschnitt, Farnkraut oder dünne Zweige von Waldsträuchern. Wenn Laub vorhanden ist, sollte es erst gesondert angerottet und mehrmals gewendet werden, damit es nicht klebt; es kann dann wie bei Himbeeren unter das Bedeckungsmaterial gemischt werden. Das Ganze wird noch mit Steinmehl überpudert. Im Frühjahr wird keine nahrhafte Düngung mehr gegeben, nur eine Bedeckung mit Häcksel verschiedenster Zusammensetzung, auch gibt man mit der Gießkanne ein blüten- und fruchtanregendes Mittel, das man auch sonst im Garten verwendet, zum Beispiel Baldriantee.

Da Erdbeeren zum Rohverzehr besonders geeignet sind, sollte man sie ungewaschen essen können. Deshalb werden die Zwischenwege vor der Ernte mit Stroh abgedeckt, damit bei Regen nicht Erde hochspritzt. Hält der Gärtner diese Anregung ein, wird er gesunde, äußerst schmackhafte Beeren ernten. Er wird ganz wenig mit Schimmelbefall zu tun haben, besonders dann, wenn er die Jauche, die er im Herbst gibt, noch mit Zwiebeljauche zur Abwehr von Pilzen mischt. (Schimmelabwehr siehe auch Seite 86).

Sehr früh schon wird eine Voraussetzung für das Gedeihen der Neuanlage von Erdbeeren geschaffen: Aus Saatreihe Lauch sind Lauch-Jungpflanzen entnommen und hier als Mischkultur in Erdbeer-Neuanlage gepflanzt worden. Senf füllt die Zwischenräume der Erdbeerreihen.

Ein guter Ertrag hängt neben richtiger Sortenwahl, richtigem Standort und richtiger Düngung auch davon ab, ob die Blüten befruchtet sind. Hier gelten die Grundregeln des Mischkulturengartens, indem vom frühesten Frühjahr an blühende Blumen, auch früh blühende Wildkräuter, die von Hummeln, Bienen und Wildbienen umflogen werden, vorhanden sind. Bienen und Hummeln werden dann auch die Erdbeerblüten besuchen (siehe Abschnitt »Blumen, Sträucher, Rosen im Mischkulturengarten«). Empfohlen sei, mehrere Sorten Erdbeeren, die gegenseitig als Pollenspender dienen können, anzupflanzen.

Zur weiteren Pflege der Erdbeeren: Es hat sich sehr bewährt, nach der Ernte alle Blätter abzuschneiden und bei heißem Wetter auf dem Boden (Reihe) zu »Heu« werden zu lassen, das man abflammen kann. Dies ist eine Reinigungs- und eine Gesundkur. Herrscht feuchtes Wetter, gehen die Blätter auf den Kompost, der mit allem fertig wird, auch mit leichtem Pilzbefall des Materials. Nach überraschend kurzer Zeit treiben die Pflanzen frisch durch. Dann wird die Reihe geordnet, da man bald auslichten muß, um einen zu dichten Stand im kommenden Jahr zu vermeiden.

Die vorgesehene Mischkulturpflanze wird eingesetzt (siehe »Zwiebeln« und »Lauch«), die Pflanzen werden gedüngt, und wenn kein geeigneter Häcksel vorhanden ist, kann Senf eingesät werden. Er friert im Winter ab, und auf seinen Platz kommt dann irgendwann der genannte und erwünschte Häcksel. Den Reihenabstand muß der Gärtner selbst wählen, da jeder Garten anders liegt. Nimmt er den 2-m-Abstand (siehe Seite 19), im Mischkulturenanbau also z. B. eine abgetragene Erbsenreihe, wird im ersten Jahr eine echte Mischkultur dazwischengegeben und ab dem zweiten Jahr, wenn ein Trittweg benötigt wird (der dann mit Stroh bedeckt wird), bleibt eine Mittelreihe in 1 m Abstand für eine andere Kultur. Man kann die Jungtriebe (Ableger) hinüberranken lassen in diese Mittelreihe und hat damit kostenlos eine neue Reihe angelegt. Durch diese Maßnahme kommt man bei Erdbeeren dem natürlichen Standort im Wald und der natürlichen Vermehrung am nächsten.

Will man die erste Pflanzenreihe, die nun schon im vollen Ertrag steht, erneuern, weil die Früchte kleiner werden, verfährt man umgekehrt: Aus der jungen Reihe wird eine Mutterstockreihe, die ihrerseits ihre Ableger an den Platz der alten Reihe rankt, nachdem dort der Boden mit Kompost verbessert und ein Heilkraut eingesät wurde. Damit wäre auch die immer wiederkehrende Frage beantwortet, wie lange man Erdbeeren stehenlassen soll. Wenn sich die Blätter verfärben, die Fruchtgröße nachläßt und – das kann man als Faustregel gelten lassen – die Pflanze keine Ableger mehr treiben will, dann ist es Zeit, sie zu entfernen. Doch wird der Mischkulturengärtner mit seinen vielen Möglichkeiten gar nicht so lange warten, sondern seine Erdbeeren mühelos und kostenlos laufend erneuern.

Diese Art der Pflanzung und Pflege gilt ebenso für größere Anlagen, die abseits des eigentlichen Mischkulturengartens liegen und nicht in das weiterwandernde und rollierende System eingebaut sind. Auch hier wird man nicht ins offene, leere Land pflanzen, sondern – etwa nach einer Frühkartoffelernte – das Land rasch mit Senf einsäen (zugleich zur Unterdrückung der Erdbeernematoden) und die Erdbeeren in den Senf, der höchstens handhoch werden sollte, pflanzen. Die Pflege mit Düngung und Bedeckung usw. verläuft wie oben beschrieben. Auch hier schafft die Einpflanzung der Erdbeeren (in Senf) Schutz und das benötigte Kleinklima. Vor der Pflanzung ist der Reihenabstand zu überlegen. Das mindeste wäre 1 m, damit später ein guter Trittweg vorhanden ist, besser 2 m, damit eine echte Mischkultur dazwischen Platz hat. Zu nahe sollten die Reihen nicht liegen, damit man leicht pflücken kann.

Ich erinnere noch einmal daran: Ob also Erdbeerpflanzen in das rollierende System des Mischkulturengartens eingefügt werden oder ob sie abseits stehen – zur Erdbeerpflege ist der volle »Hintergrund« der so vielseitigen Mischkultur notwendig. Dank dieser Vielfalt, angefangen mit den Bienenpflanzen und der Vorausdüngung durch Pflanzenjauche, über die Hilfe der Heilkräuter, die in Häcksel und Kompost verwendet werden, bis zu dem geschaffenen Kleinklima, herrscht auch im Erdbeerquartier volle Gesundheit.

Baumobst

In älteren Gärten sind Bäume ein fester Bestandteil. Wird ein Garten neu angelegt, so strebt der Gärtner an, auch Bäume, die keine Nutzbäume sind, anzupflanzen, damit er einen schattigen Rand und Möglichkeiten des Schattengebens bekommt. Diese nach Arten und Größen verschiedenen Waldbäume machen den Reiz der Gärten aus. Sie geben dem

Garten Windschutz und Schatten, sie schaffen ein günstiges Kleinklima und brauchen keinerlei Pflege. Aber sie sind trotzdem unserem ganz besonderen Schutz anvertraut, sind sie doch unentbehrliche Brutstätten unserer Vögel, auch Nahrungsquelle und Reservat für vielerlei Getier, das den Garten zu einem belebten Raum, zu einer in sich abgerundeten ökologischen Einheit, macht.

Neupflanzung von Obstbäumen

Bei Neupflanzungen kommt es zunächst auf eine gute Starthilfe an. In das genügend große Pflanzloch sollte – bei ungünstigen Bodenverhältnissen – gesunde, frische Erde kommen. Zusätzlich könnte ein altes bäuerliches Rezept zur Entwicklung helfen: Je nach Größe des Baumes – ob Spalier-, Nieder- oder Hochstamm – werden einige Handvoll oder gar ein Simmeri (das ist ein kleiner Eimer voll) Gerste – gesunde keimfähige Körner – in das Pflanzenloch unter der Wurzel gegeben. Beim Keimen der Körner unter den Wurzeln werden wuchsanregende Stoffe und

Ein jüngerer Apfelbaum, dessen Baumscheibe im Winter mit halbfertigem Kompost bedeckt wurde. Bei beginnendem Wachstum wurde unverdünnte Brennesseljauche gegeben, anschließend Senf eingesät. – Möglich ist auch Kapuzinerkresse. Nachteil: später Aufgang, da frostempfindlich. Vorteil: unterdrückt Quecken, wirkt zugleich als Lausabwehr.

Wärme frei. Da das Getreide nur ankeimen, aber nicht weiterwachsen kann, vermittelt es dem Baum durch die im weiteren Verlauf eintretende Verrottung im engsten Wurzelbereich besonders günstige Wachstumsbedingungen. Angegossen wird mit Brennesseljauche, die man auch später immer wieder geben kann. Beim Eindecken des Pflanzloches kann man Kompost beimischen.

Bei Frühjahrspflanzung sollte die Baumscheibe eine Untersaat bekommen: Dazu eignet sich Spinat, der rasch keimt und wächst und bei der Verrottung seiner Wurzel und der abgehackten Blätter nährende Stoffe bringt. Diese Untersaat beschattet auch sofort den Boden, so daß er nicht austrocknet und nicht verhärtet. Für gesunde Bäume mit dunklem, fleckenfreiem Laub, die zur rechten Zeit fruchten und nicht von Schädlingen befallen werden, lohnt sich diese natürliche Pflege.

Bodenbedeckung, Düngung, Stammpflege

Die Vielzahl der in einem Mischkulturengarten stehenden Gewächse ist Voraussetzung dieser naturgemäßen Pflege.
In gleichem Sinne wird auch bei älteren Bäumen verfahren. Zur richtigen Durchführung der Maßnahmen ist eine genügend große Baumscheibe unerläßlich. Sie wird im Laufe des Winters mit halbverrottetem Kompost bedeckt – insbesondere mit Häcksel, wie er ausführlich im diesbezüglichen Abschnitt beschrieben ist. Dem Kompost oder Häcksel sind ein tierisches, organisches Düngemittel – lange gelagerter, gesunder Stallmist, schon verrottet – und Steinmehl untergemischt. Diese Bedeckung kann handhoch sein. Im Frühjahr bekommt nun der Baum eine kräftige Düngung von Komfrey-Brennesseljauche. Es ist günstig und zweckmäßig, wenn man gleich auch eine mäuseabwehrende Holunderjauche bereit hält. Danach wird die Baumscheibe mit einem Heilkraut eingesät: Kapuzinerkresse, Senf oder auch Spinat, aber auch mit Ringelblume *(Calendula)* oder Portulak – falls nicht schon die Gundelrebe, ein Wildkraut, dort wächst. Die Gundelrebe gibt nicht nur die erwünschte Beschattung, sondern gilt als echte Aufwertungspflanze. Diese Heilkräuter – auch Wildkräuter – geben nicht nur ihre Heilstoffe mit, sondern dienen auch als Tausammler und verhüten den Befall durch Schädlinge.
Gedüngt wird also immer mit dem, was der Garten sowieso bietet: mit der schon genannten Jauche aus Brennessel als Düngejauche oder aus Zwiebeln zur Pilzverhütung, mit Jauchen aus Schachtelhalm, Rainfarn zur Gesundung und aus Holunder zur Mäuseabwehr. Alle diese Pflanzen können zum Zweck der Ausbringung auf Baumscheiben auch miteinander vergoren werden.
Dies sind vorbeugende und erhaltende Maßnahmen. Werden diese Jauchen zweimal im Jahr ausgebracht – zur Zeit des Austriebes und nach der Ernte – und wird zudem noch eine Häckselbedeckung zweimal im Jahr angewandt, dann läßt sich ein Baum allein über die Baumscheibe gesund erhalten. Dort »wird ihm alle Arznei gegeben«. Daß dies so erfolgreich verläuft, setzt einiges voraus. Häcksel und Kompost müssen wie die Jauchen vielfältig zusammengesetzt sein: Düngende Pflanzen, helfende und heilende Kräuter müssen ebenso darunter sein wie Abwehrpflanzen. Auf diese Weise kommt die Pflanzenwelt des Gartens mit ihrem Reichtum auch den Bäumen zugute.
Hinzu kommt winterliche Stammpflege, die sich sehr bewährt hat. Sie bewirkt Desinfektion, Reinigung, Heilung und Nahrung über die Rinde und wird ausgeführt mit einer dicken Brennesseljauche, angerührt mit Algomin oder Preicobakt, etwas Wasserglas wird noch dazugegeben. Damit werden die Baumstämme angestrichen, so hoch, wie man greifen kann, bis in die Äste hinein.

Blattläuse

Bei dieser Gelegenheit ein Wort über Blattläuse, da viele Gärtner über Läusebefall ihrer Bäume klagen. Sie suchen nach Ursachen und Abhilfen. Der Schaden, den Läuse anrichten, ist oft nur gering, ihre Erscheinung aber ist unangenehm. Da Läuse überall »latent« vorhanden sind, d.h. »verborgen ruhend« und »nicht gleich erkennbar«, treten sie sofort in Erscheinung, wenn Umstände eintreten, die sie zu Leben und Tätigkeit erwecken. Das kann die Witterung sein, z.B. Schwüle oder Trockenheit und damit unregelmäßige Wasserversorgung, oder aber es sind Maßnahmen des Gärtners, durch die er selbst die Laus begünstigt: Er bringt Stoßdüngung aus oder läßt die Böden austrocknen oder verhärten oder ähnliches.
Gegen wechselndes Wetter, Schwüle usw., gibt es kein Mittel, aber gegen harten, ausgetrockneten Boden auf den Baumscheiben kann man durch Lüftung, Bedeckung, Einsaat (wie oben angeführt), also Durchwurzelung

und Beschattung, etwas unternehmen. Ebenso kann man stoßweise Düngung, besonders von frischem und unvergorenem Dünger, sowie falsches und ungleichmäßiges und nicht durchdringendes Wässern vermeiden. Auch zu dichter Stand ist zu vermeiden! Gegebenenfalls müssen zu dicht stehende Bäume entfernt werden, damit durch die verbleibenden genügend Luft durchstreichen kann. Ehe man bei auftretenden Läusen nach Spritzmitteln greift, sollte man diese einfachen Hilfen erproben: Schon durch vorsichtige Lockerung einer verhärteten Baumscheibe, so daß Luft zutreten kann, könnte der Schaden behoben sein. Am besten und für alle Wurzeln schonend ist die Arbeit mit der zweizinkigen sogenannten Rosengabel. Gründliches nachfolgendes Wässern, also nicht nur Gießen, schafft fast immer Abhilfe.

Noch gründlicher wirkt ein kräftiger Guß Brennesseljauche, nachdem gelockert wurde. Erst wenn dann immer noch Läuse vorhanden sind, darf man zur Handspritze greifen. Im Hausgarten mit den niederen Wuchsformen reicht dies vollkommen. Gut wirkt ein Tee aus Schachtelhalm oder Wermut. Hilft dies alles nicht, ist ein sicheres Mittel eine Mischung von halb Spiritus und halb Wasser.

Bienenweidepflanzen fördern reichen Obstertrag. Jeder freie Raum kann mit Phacelia eingesät werden. Hier Phacelia, auch Bienenfreund genannt, mit der altbewährten Heilpflanze Ringelblume (Calendula).

Bienenweidepflanzen

Einen reichen Ertrag im Obstgarten verdanken wir aber auch dem übrigen Garten – besonders dem Blumenteil, in dem vom frühen Frühjahr an bienenfreundliche und bienenanziehende Blumen neben früh blühenden Wildkräutern stehen. Bienen und Hummeln befliegen die blühenden Bäume und sorgen für die Befruchtung.

Jeder freie Raum im Garten, besonders zwischen hohen Stauden und allen anderen Blumen, kann außerdem mit Phacelia eingesät werden. Es ist dies zunächst eine Maßnahme zur Bodenbedeckung, zur Durchwurzelung und zur Beschattung des Bodens. Die kleine, gefiederte Pflanze sammelt besonders gut Tau. Und wenn sie dann später blüht, sind Schwärme von Bienen, Hummeln und Schmetterlingen in und an den blauen Blüten, so daß das Summen weithin hörbar ist. Man könnte meinen, das würde den Blüten der Bäume nicht mehr nützen. Doch das ist ein Trugschluß. Die Hummelnester (Erdnester) werden allmählich zahlreich, weil den Hummeln das ganze Jahr über Nahrung und günstige Lebensbedingungen geboten werden. So sind sie im Garten heimisch und im Frühjahr sofort da, um jegliche Blüten zu befliegen.

Damit hat es der Gärtner auch weitgehend in der Hand, daß zur Blütenzeit die Insekten zur Befruchtung bereit sind. Nur eins muß sicher sein: Nirgends darf er Gift ausbringen, auch nicht auf Plattenwegen, denn gerade darunter befinden sich die meisten Hummelnester. Der Garten sollte den Insekten Schutz gewähren, damit sie ihm dienen können.

Garten und Ernährung

Wenn der Ausgangspunkt für den biologisch begründeten Gartenbau – wie in der Einleitung gesagt – in der problematisch gewordenen Ernährung für Mensch und Tier liegt, so sind andererseits aus diesen neuen Anbauweisen Schlüsse zu ziehen für eine zweckmäßige Ernährung.

Es wird immer wieder gefragt, ob es sich »wohl lohne«, so viele Überlegungen und so viel Aufwand an den Anbau von Gemüse zu verwenden. Schon rein wirtschaftlich-rechnerisch lohnt es sich fast immer, einen großen Teil der Nahrung für eine Familie selbst zu erzeugen; immer aber lohnt es sich um der Gesundheit willen, wohlschmeckende, in natürlicher Weise erzeugte Nahrungsmittel auf den Tisch zu bringen.

Was so in eigenen Gärten angebaut wird, ist auf keinem Markt zu kaufen. Dieses Buch soll einen Weg aufzeigen, wieweit über den materiellen Wert hinaus Unbezahlbares erreichbar ist, nicht Nahrungsmittel allein, sondern Heilwerte zu erzeugen.

Wenn einmal zusammengerechnet würde die Quadratmeterzahl der Vor-, Hinter-, Rasen- und Blumengärten, der Obstrabatten und aller übrigen Gemüsestücke, so käme eine nicht zu vermutende hohe Zahl von Hektaren heraus. Wenn diese zusammengerechneten Hektare aus biologisch einwandfrei gepflegten Gärten bestünden: Wieviel Gesundheit könnten diese Hektare spenden, ganz abgesehen von materiellem Nutzen!

Wieviel Umweltbelastung würde vermieden werden, käme ein Teil der Ernährung aus den Selbstversorgergärten, zu deren Pflege kaum Mittel von außen benötigt werden!

Wer noch zögert, seinen Garten nach biologischen Regeln zu bebauen, sollte einmal den Unterschied feststellen zwischen gekauftem Gemüse und Obst und solchem von eigener Ernte aus biologischem Anbau im Hinblick auf Geschmack, Bekömmlichkeit und Haltbarkeit. Nur der wird erst ermessen, was Ernten aus eigenem Garten bedeuten. Das Wort »Vollwertkost« hat hier seinen Platz.

Über sättigende und gesunde Grundnahrung hinaus gibt dieser Garten mit seinem Kräuteranbau noch Möglichkeiten, denaturierte Nahrung aufzuwerten, denn Berufstätige sind oftmals in einer Zwangslage. In den meisten Gärten, die nicht nur ein Statussymbol darstellen sollen, könnten wenigstens die wichtigsten Kräuter und Gemüse zur Frischkost angebaut werden.

Das Allerwichtigste ist dann natürlich: zu jeder Mahlzeit ein absolut unverändertes Gartenerzeugnis auf den Tisch zu bringen in Form einer rohen Kost. Ich zitiere: »Pflanzliche Rohkost ist die Nahrung mit dem maximalen Wirkungsvermögen, dem höchsten Heilwert und überraschendem Nährwert, wenn sie richtig zusammengesetzt und zubereitet wird. Sie heilt nicht nur die Krankheit, sondern den gesamten Organismus, dem sie Kraft gibt, das Krankhafte zu überwinden.« Darunter verstehe ich nun keinesfalls – denn ich schreibe ja für die »Normalfamilie« – nur roh geriebene und so belassene Möhren, Rote Rüben und ähnliches, nein, dazu gehören in erster Linie alle Blattsalate, die von vornher-

Linke Seite: Ausschnitt aus einer Mischkultur – früher Sommer wie auf Bild Seite 22, hier mit Erbsen in A-Reihe und verschiedenen Salaten in benachbarten C-Reihen (blaues Schild). B-Reihe (grünes Schild) noch mit Voraussaat Senf, reserviert für Winterbedarf an Steckzwiebeln. Rechts am Plattenweg Pfingstrosen kurz vor der Blüte, im Hintergrund blühende Stauden.

ein Rohkost sind. Auch: Radieschen, Rettich, Tomaten, Gurken, Kresse, Endivien, Zuckerhut. Dazu kommt – besonders für Kinder – die geraffelte Möhre, Rote Rübe, Sellerie, aber auch feingeschnittener Spinat, Brennessel, Lauch, geraffelte Schwarzwurzel, Rosenkohl.

Wo aber steht geschrieben, daß diese Rohkost nur einen Wert habe, wenn sie nicht gewürzt, nicht angemacht ist? Jede Hausfrau wird ihrer Familie mit Leichtigkeit und ohne Diskussion eine irgendwie zusammengestellte rohe Salatplatte auftischen können, wenn sie es versteht, Salat so anzumachen, daß es auch schmeckt. »Nur das köstlich Schmeckende nährt zugleich.«

Gartenkräuter für den täglichen Bedarf

Großen Dienst tun uns unsere Gartenkräuter. Sie sind im wahrsten Sinne »des lieben Gottes homöopatische Apotheke«. Es ist gar kein Problem, diese in unsere Hand gegebenen Arzneien, bei deren richtiger Verwendung nie ein Schaden entstehen kann, in unseren Gärten für den Bedarf in der Küche heranzuziehen.

Wir sind auf den vorhergehenden Seiten dieses Buches bei allerlei Speisen einem Teil der Namen begegnet. Hier sollen sie nun aufgeführt werden, eingeteilt in **Einjährige** und **Ausdauernde.** Sie teilen sich außerdem auf in sogenannte milde und herbe Kräuter. Dementsprechend ist ihre Verwendung in der Küche.

Einjährige Kräuter

Basilikum, Boretsch, Dill, Petersilie, Majoran, Kerbel, Portulak

Verwendung: Diese alle eignen sich – unter Einbeziehung einiger ausdauernder Kräuter: Schnittlauch, Estragon, Pimpinelle, Sauerampfer, Zitronenmelisse – für alle Salate, aufs Brot, zu Kräuterbutter, unter Quark u. ä. Speisen, zu Kräutersuppen und -soßen.

Ausdauernde Kräuter

Schnittlauch, Estragon, Pimpernell, Sauerampfer, Zitronenmelisse, Liebstöckel, Bohnenkraut, Salbei, Thymian, Beifuß (nicht Blätter, sondern Blüten verwenden), *Ysop, Weinraute, Pfefferminz, Lavendel, Rosmarin* (letzteres nicht winterhart und trotzdem nicht einjährig).

In der Zusammenstellung achte man darauf, nie mehr als fünf bis sieben Kräuter miteinander zu verwenden. Diese Kräuter, mit Ausnahme der ersten fünf, auch die Herben genannt, sind besonders wichtig für alle Fleischspeisen; für alle Speisen, deren Eigengeschmack eine Ergänzung verträgt, und bei Speisen, bei denen die milden einjährigen Kräuter, die besonders roh gegessen werden, geschmacklich untergehen würden, und bei denen evtl. Nebenwirkungen gemildert werden sollen. Als Beispiel der nicht genannte Kümmel, der aber auch gut im Garten zu ziehen ist: bei Kohlspeisen und ähnlichem; und Salbei bei fettem Fleisch und Fisch.

Einige Kräuter

sind dann für die Haltbarmachung von Wintervorräten (siehe dort) unentbehrlich, als da sind: Dill als Blüte, Kümmel als reifes Korn, Koriander als reifes Korn, Senfkörner, ergänzt durch einige sogenannte Blatt-, also nicht Fruchtkräuter: Thymian, Bohnenkraut, Salbei, Basilikum, Estragon, Ysop, Rosmarin.

Was alle Kräuter gemeinsam haben

Sie waren ursprünglich ausnahmslos Heilkräuter und werden auch heute noch zum Teil in Arzneien und sonstigen ärztlichen Verordnungen angewandt. Da wir uns hier nur mit den Fragen der Ernährung beschäftigen, bleibt alles andere unbeachtet, was den Kräutern mit Recht oder Unrecht zugeschrieben wird. Jedes Kraut enthält heilende oder vorbeugende Stoffe in homoöpathischen Dosen. Alle Kräuter sind verdauungsfördernd, enthalten Mineralstoffe, die uns sonst nicht so ohne weiteres zur Verfügung stehen würden.

Alle Kräuter enthalten Vitamine

Man weiß, daß Petersilie mehr Vitamin C enthält als Zitrone; daß Melisse schlaffördernd wirkt; daß Pfefferminze anregend auf den Magen, aber bei täglichem Genuß nachteilig auf die Augen wirkt; daß Salbei und Schnittlauch, wie auch der Kümmel, alle fetten Speisen bekömmlicher machen; daß Schnittlauch besonders eisenhaltig ist; daß Salbei und Ysop neben ihren verdauungsfördernden Wirkungen außerdem bewährte Mittel bei Halsweh und Schnupfen sind und im ersten Fall zum Gurgeln, im zweiten Fall als Dampf eingeatmet fast sofort Erleichterung bringen – u. v. m. Ich spreche in diesem Zusammenhang nicht von Wildkräutern und Wildfrüchten, die zu sammeln viel Zeit und außerdem Kenntnis brauchen. Ich spreche auch nicht von allen Tees, die gesammelt oder aus den eigenen Gartenkräutern gemacht werden könnten. Siehe Hinweise im Heilpflanzen- und Küchenkräuter-Abc ab Seite 95.
Wir, die wir die Kräuter in unseren Gärten gepflanzt haben, nehmen sie herein in die Küche zu unseren alltäglichen Speisen; verwenden sie aber jeden Tag in verschiedenster Form. So haben wir ohne Sonderaufwand alle notwendigen Zusatzstoffe, die wir nun einmal für unsere Gesundheit nötig haben.
Wenn man weiß, daß zum Beispiel Petersilientee ein ausgezeichneter Blasentee ist, so liegt doch nahe, eben in einem besonderen Fall viel mehr Petersilie als sonst zu verbrauchen, besonders auch ausgekocht in unserer Brühe (siehe dort). Dasselbe könnte man auch von manchen anderen heilenden Tees sagen, etwa vom Bohnenschalentee zur Entwässerung. Warum aber sollten nicht Bohnenschalen direkt in unserer Brühe gekocht werden? Auf diese Weise zu sich genommen, wirken sie vielleicht etwas langsamer. Warum aber sollten sie nicht doch ihren Einfluß ausüben?
Es geht mir in allen diesen besonders wichtigen Fragen darum, daß »das an sich Mögliche auch möglich gemacht werden kann«, d.h. in diesem Fall nicht als Mehrarbeit abgelehnt wird. (Inwieweit Kräuter für den Wintervorrat zur Verfügung stehen können, siehe bei Wintervorrat.) Einige machen uns ja die Freude, nicht »einzuziehen«, so daß sie immer geerntet werden können: Salbei, Ysop, ausdauerndes Bohnenkraut, Thymian, sogar Pimpinelle bleibt meist grün. Ganz besonders wichtig sind Kräuter bei jeder Diät, die salzarm oder salzlos verordnet ist. Das Hauptaugenmerk in der Ernährung ist also darauf zu richten, daß alle Nahrungsmittel – und dies bei jeder Mahlzeit – zu Kräuterträgern werden. Im Garten aber werden wir dafür sorgen, daß diese notwendigen Kräuter immer zur Verfügung stehen.
In den noch ländlichen Gebieten Süddeutschlands findet sich aus alter Tradition stets ein Schnittlauchstock im Garten: **Schnittlauch** enthält reichlich Vitamin A und Eisen, ist magenstärkend und macht fette Speisen (Suppen!) bekömmlich. Und es findet sich **Petersilie,** die mehr Vitamin C enthält als die Zitrone und die entwässernd und appetitanregend wirkt. Sie wird fast zu allen Salaten, Gemüsen, zu allen Füllungen, zu Kartoffelspeisen, Quark und vielem mehr verwendet.
Auch **Dill** ist als wertvolle Nahrungsergänzung bekannt. Alle Teile der Pflanze werden verwendet. Er hilft bei vielen Störungen, ist zum Einmachen und zur Konservierung unentbehrlich und ganz besonders wichtig bei salzarmer Diät. Dill wird in den meisten Gärten noch zu finden sein. Darauf achten, daß gerade diese Kräuter aus dem eigenen Anbau kommen!

Sauerkrautherstellung

Steinzeugtopf nehmen. Wenn möglich, aber nicht unbedingt notwendig, mit einem Wasserrand und einsitzendem Deckel. Erspart nachher viel Arbeit. Das gehobelte Kraut einstampfen wie gewohnt, doch *ohne* Salz. Der Topfboden wurde mit einem sauberen, aber ungewaschenen Krautblatt ausgelegt. Lage um Lage einstampfen, so viel, daß noch Platz für darüberstehendes Wasser ist. Abdecken mit einem Krautblatt. Wie gewohnt beschweren, dann übergießen mit abgekochtem Wasser, das auf 42 Grad C abgekühlt ist. Das Wasser muß alles Kraut bedecken, auch das Blatt und teilweise die Beschwerung. Evtl. nachgießen (Rest des abgekochten Wassers stehen lassen, zum Nachgießen wieder auf 42 Grad C erwärmen). Nach der Gärung, die also eine reine Milchsäuregärung ist, das Krautblatt mit einem reinen Leinentuch ersetzen. (Dieses bewährte Rezept kann nur bei biologischer Erzeugung des Einmachgutes empfohlen werden.)

Frische Salate

Daß rohe Speisen täglich in irgendeiner Form auf den Tisch kommen, ergibt schon der Anbauplan im Mischkulturengarten mit den vielen Salatreihen, durch die ein Teil der Mahlzeit arbeitssparend als Frischkost aus dem Garten bereitsteht.

Blattsalate

Immer kurz vor dem Essen ernten, rasch waschen. Nur so viel sogenannte Salatsoße machen, daß nachher nichts in der Schüssel übrigbleibt. Bei Kindern nicht zu sauer, aber trotzdem keinen Zucker.
Rezept: Bei allen Salaten mit den Soßen abwechseln! Bewährt hat sich: ein Teil Essig, ein Teil Wasser oder Sauermilch, 2 Teile kalt geschlagenes Öl dazu, 5–7 Salatkräuter oder Zwiebel oder Senf oder Schnittlauch, etwas Quark, Sauermilch, Joghurt, immer wenig Salz, nie Zucker. Vorsicht bei reinem Weinessig, er ist schärfer. Halten Sie auch milden Senf und Senfmehl bereit, und lassen Sie die fertige Würze lieber im Laden!
Im Frühjahr wird wohl jede Hausfrau, die einen Garten hat, eigenen **Kopfsalat** auf den Tisch bringen wollen. Kopfsalat verdient jedoch keine Überbewertung. Die späteren Salatarten mit ihren leichten Bitterstoffen sind heilkräftiger als der Kopfsalat; Ackersalat zum Beispiel enthält doppelt soviel Vitamin C wie Kopfsalat.
Der tägliche grüne Salat braucht aber immer eine Kräutermischung in Form von Schnittlauch, Blütenblättern der Ringelblume, Kerbel, Melisse, Dill – also milde und doch wirksame Kräuter, die abrunden und aufwerten.
Der wertvolle spätere **Endiviensalat,** auch **Zuckerhut,** beide mit Bitterstoffen, die besonders bei Gallenleiden hilfreich sind, werden oft ebenso vergessen wie der Feld- oder Ackersalat.

Endivien und Zuckerhut

Eignen sich sehr gut, als ganzes Blatt auf den Tisch zu kommen, also *nicht* geschnitten. Salat in Blätter teilen, waschen (kalt, nie warm waschen, die Bitterstoffe erhalten!) und aufrecht hübsch anordnen. Dazu wird am besten die sog. Joghurt-Soße gegeben.
Man taucht dann beim Essen, das Blatt in der Hand haltend, dieses in die Soße. Delikat!
Als Platz für den **Feld-** oder **Ackersalat,** spätestens im September noch gesät, eignen sich z.B. sehr gut die ehemaligen Trittwege bei Erdbeeren. Diese Trittwege waren mit Stroh bedeckt, das allmählich verrottet ist. Sie werden gelockert, und gegebenenfalls wird etwas fertiger Kompost aufgebracht. Da hinein wird Samen in der ganzen Handbreite gesät. Ackersalat geht nun in der Nachbarschaft mit Erdbeeren, Zwiebeln oder auch Lauch in und durch den Winter.
Ackersalat kann auch als Untersaat angebaut werden, auf offenen Baumscheiben und an ähnlicher Stelle, sowie er in der Natur auch wild vorkommt, zum Beispiel auf Wiesen oder in Weinbergen. Eine besondere Reihe oder Platz braucht er nicht.
Wichtig ist auch die **Gartenkresse:** sie wirkt antibiotisch (bakterientötend), ist deshalb als Pflanzenpartner im Mischkulturengarten aggressiv, aber reich an Vitamin C. Kresse wirkt reinigend bei Gicht und Rheuma. Gekaufte Kresse, des rascheren Wachstums und früherer Verkaufsfähigkeit wegen gut gedüngt, enthält weniger Vitamin C.
Alle grünen Salate sind ohne weiteren Aufwand echte Rohkost. Immer gibt es Salat zu

ernten, wenn man durch Folgesaaten, angefangen mit Gartenkresse, gemischt mit kleinen Senfpflanzen, über Lattich, Kopfsalat bis hin zu Endivien, Zuckerhut, Ackersalat und Chinakohl vorgesorgt hat.
Als rohe Kost sind auch **Tomate** und **Gurke** zu verwerten. Bei diesen beiden Früchten sollten wir auf einen Einkauf aus unbekannter Herkunft verzichten. Beide Rohkostsalate sind Kräuterträger ersten Ranges: Boretsch, Dill, Petersilie und Melisse passen besonders gut und selbstverständlich Zwiebeln.
Die Tomate enthält die Vitamine A, B, C und viele Spurenelemente. Zudem regt sie den Appetit an.

Tomaten

Können Essig entbehren, brauchen etwas Salz, Zwiebel oder reichlich gemischte Kräuter und saure Sahne. Diese Soße lange rühren, die Tomaten damit übergießen und ziehen lassen.

Die **Gurke** entwässert sicher, reinigt die Nieren, kühlt bei Fieber und entlastet Herz und Kreislauf durch die Entgiftung, hilft bei Rheuma und Gicht und macht außerdem eine schöne Haut (auch äußerlich anzuwenden).

Gurke

Gilt als schwer verdaulich, wird aber leicht vertragen, sogar abends, wenn die gehobelten Scheiben sofort das Öl bekommen und erst nach einiger Zeit der Salat angemacht wird mit Dill, Boretsch, Zwiebeln, etwas Salz, Essig und nach Belieben Rahm.

Auch der Wert des **Rettichs,** vom Radieschen bis zum Winterrettich, hängt vom richtigen Anbau ab.

Rettich

Enthält viel Kalk, ist eine direkte Arznei bei Leber- und Gallenleiden, ist ein ausgezeichnetes Hustenmittel, wenn ein schwarzer Winterrettich ausgehöhlt, mit Kandis gefüllt und der Saft eingenommen wird.

Rettiche lieben reichlich Zwiebel als Ergänzung.

Salat von rohem **Sauerkraut** ist für Zuckerkranke besonders geeignet, macht schlank, wirkt darmreinigend und reguliert die Darmflora.

Sauerkrautsalat

Mit Zwiebeln, Knoblauch, gemahlenem Kümmel, etwas Öl, auch etwas Senfmehl, rasch untereinander mischen, kurz ziehen lassen. Als Ergänzung: geraffelte Äpfel darunter.

Sauerkrautsalat mit Früchten

Rohes Sauerkraut, Scheiben oder Würfel von Orangen, auch Ananas und Bananen, Pfirsichen, Äpfeln, Birnen roh, oder, je nach Jahreszeit, eingedünstet. Etwas Birnensaft (aus dem Eindünstglas), etwas Schlehen- oder Sauerkirschensaft. Vorsichtig, aber gründlich mischen. Kein Salz, kein Zucker.
Paßt ausgezeichnet als Vorspeise, aber auch zu jedem Fleischgericht (kalt und warm), sogar als Nachtisch.

Geriebene Schwarzwurzel, Rote Rüben, Gelbe Rüben

Sind dankbar für eine Zugabe von etwas Milch oder Sahne, oder feingeriebenen Kräutern und ein wenig Säure. Würze: Koriander.

Selleriesalat (auch gemischt mit Pastinaken)

Sellerie kochen, schälen, in nicht zu dünne Scheiben schneiden. Äpfel schälen und in kleine feine Scheibchen schneiden. Soße: reichlich feingeschnittene Zwiebel, Salz, Pfeffer, Koriander gemahlen, etwas Senfmehl, Essig, Öl, saure Sahne (Sauermilch) schlagen. Sellerie und Äpfel einschichten, sofort mit Soße bedecken, jede Schicht extra, nicht berühren, nur durchziehen lassen.

Sellerie roh

Schmecken besonders gut mit geraffelten Äpfeln (Bircher-Raffel), ebenso mit geraffeltem Rotkraut.
2 Teile Äpfel und 1 Teil Sellerie mit silberner Gabel gründlich mischen. Oder: 2 Teile Äpfel, 1 Teil Sellerie, 1 Teil geraffeltes Blaukraut.
Wer wirklich seinen Garten für die Gesundheit nützen und einwandfreies Gemüse erzeugen kann oder entsprechende Bezugsquellen hat, der sollte sich einen Entsafter anschaffen. Voraussetzung allerdings für diese Art des Gemüseverzehrs ist absolutes Freisein von irgendwelchen Giftstoffen, was im übrigen auch für Salate und Rohkost jedweder Art gilt. Aber diese Gemüsesäfte sind Ernährung und Genuß zugleich. Hier kann man auch ganz gezielt bei allen Mangelerscheinungen eingreifen, kann beeinflussen. Man denke nur etwa an Grippezeiten im Frühjahr, Ernährung von Genesenden usw. Wir wissen nun, was etwa bei Vitaminmangel als Ursache gerade der Frühjahrsmüdigkeit zu geben wäre: Saft von Roten Rüben, Saft von Gelben Rüben, Saft von Sellerie. Durch Mischung oder Beigabe von anderem (etwa Äpfel, ungespritzte Zitrusfrüchte) wird dieser Saft schon für kleine Kinder zur stärkenden Arznei, Ernährung und Genuß zugleich. Die Menge kann klein sein, der Nährwert ist groß. Aber immer gebe man ein Röhrchen zum Trinken. Es ist besser für die Zähne, und es wird ein zu rasches Trinken vermieden.

Gekochte Gemüsegerichte

Alle unsere Gartenerzeugnisse haben nicht nur Nährwert, sondern auch Heilwert. Der Weg von der guten und gesunden Rohware zu der ebenso guten fertigen Speise aber ist voll von Klippen.
Der volle Wert wird erhalten, wenn das Gemüse auf der Höhe des Wachstums geerntet wird, also: knackende Bohnen, geschlossener Blumenkohl, noch zarte Erbsen u. ä.
Der volle Wert wird erhalten, wenn es auf dem kürzesten Weg und so rasch wie möglich weiterverarbeitet wird. Die Frische ist alles, was Qualität und Gesundheitswert betrifft.
Alles muß in verlockendster Form und hervorragend gekocht auf den Tisch gebracht werden, damit die »Gesundheit schmackhaft gemacht wird«. Der Speisezettel muß sich mit der Jahreszeit wandeln.
Daß wir bislang oft zuwenig von einem gesundheitlichen Wert des Gemüseessens merkten, hat wohl seinen Grund darin, daß wir die Speisen nicht einfach genug ließen, sie kaum in rohem Zustand aßen, kein chemieloses Gemüse verwendeten. Obendrein haben wir es ertränkt in Mehlsoßen, vermischt mit allem möglichen, in Fett ausgebacken usw. Gewiß: Man kann einmal in einer Zeit des Gemüseüberschusses (man denke an Blumenkohl) auch Aufläufe davon machen, aber diese haben neben ihrem Sättigungswert nicht mehr viel gesundheitlichen Wert, und wir werden uns noch einmal merken: So einfach, so unbehandelt und sowenig wie möglich weiterverarbeitet kochen!
Sollte hin und wieder bei der Zubereitung der Gemüse ein Bindemittel nötig sein, so nehme man anstelle von Mehl etwas Vollkornhaferflocken. Schon hier kann man den großen gesundheitlichen Wert des Hafers besonders in Form des vollen Kornes ausnutzen. Keiner von uns kann sich, wenn er sich nicht ganz besonders damit beschäftigt, im einzelnen den Speisezettel jeden Tag merken, welche besonderen Eigenschaften dieses oder jenes Gemüse hat. Mir geht es darum zu zeigen, daß es sich lohnt, einen möglichst vielseitigen Anbau im Garten zu haben. Damit hat man zwangsläufig einen vielseitigen Speisezettel, und ohne große Überlegungen bekommen wir die verschiedensten Gemüse mit den verschiedensten Heilwerten oder wenigstens Vorbeugungsmöglichkeiten in vielerlei Form auf den Tisch.
Da hier für eine vollständige Ernährungs- oder Kochanleitung kein Platz ist, greife ich nur einen Teil der Gartenerzeugnisse heraus, die allgemein angebaut und gegessen werden,

Erntezeit! – im Vordergrund Spitzkohl. Der oftmals als billiges Grobgemüse verachtete Kohl ist wegen seiner Gesundheitswerte eine der wichtigsten Gemüsearten. Die Umblätter sind wertvoll als Zusatz zu die Gesundheit fördernden und düngenden Pflanzenjauchen, siehe Kapitel »Kräuterjauchen«. Im Hintergrund Tomaten.

und nenne ihre Werte für den Menschen. Bei der Nennung der nachfolgenden Gemüsearten wird jeweils hinzugefügt, welche Kräuter bei der Zubereitung mit verwendet werden sollten.

Vor allem in Haushalten mit Kleinkindern sind **Möhren** für die Ernährung wichtig, besonders wichtig durch den Gehalt an Vitamin A. Sie wirken gut auf die Nerven, den Knochenbau, bei Magen- und Darmbeschwerden. Aber ein Gericht Möhren auf den Tisch zu bringen ist nur sinnvoll, wenn es sich um einwandfreie Qualität handelt: wenn also mit Sicherheit kein frischer Dung und keinerlei giftige Abwehrmittel verwendet und die Möhren rechtzeitig geerntet werden. Diese Garantie hat man nur, wenn die Ernte aus dem eigenen Garten oder aus einer biologisch zuverlässig arbeitenden Gärtnerei kommt. Dies gilt sinngemäß auch für andere Gartenerzeugnisse. Wie auch bei Roten Rüben ist für mehrere Sätze im Garten zu sorgen.

Möhren

Alle jungen Möhren mit Salz reiben, nicht schaben, sondern waschen, alle auf gleiche Größe schneiden, kochen und schwenken in angedämpfter Petersilie und Zwiebel. Wenig Salz nötig. Zur Abwechslung gibt man etwas gemahlenen Koriander oder auch andere Kräuter hinzu (feine/siehe bei »Kräuter«). Ein wenig Milch oder Rahm verfeinert und macht auch bekömmlicher.

Die **Roten Rüben** dürfen auf keinen Fall fehlen. Sie werden am besten in einem sogenannten Band gesät, also in einer einige Zen-

timeter breiten, dünnen Saat, damit man laufend schon ab Sommer aus der gleichen Reihe heraus ernten kann. Rote Rüben sollte man nie aus vorgezogenen Pflanzen setzen. Sie werden dadurch zwar sehr groß, haben aber außergewöhnlich viel Faserstoffe.
Ein sehr saftiges und zartes Gemüse geben junge Rote Rüben im Sommer. Besonders empfehlenswert ist es, in der Sommerzeit für den Winterbedarf junge Rote Rüben einzudünsten. Auch als Salate können sie in Scheiben geschnitten und in Essigwasser eingedünstet werden. Es ist dies weit besser, als zuviel einzulagern, da gelagerte Ware eine überlange Kochzeit benötigt und damit an Wert verliert.
Die Hausfrau erntet im Sommer die größten Rüben aus dem Band, schon von der Größe eines kleinen Apfels an, und läßt die anderen zum Weiterwachsen für den Winterbedarf stehen. Auch diese Roten Rüben sollten nicht zu spät geerntet werden, d.h., solange sie noch zart sind. Wichtig ist: zwei bis drei Sätze im Garten anzubauen, damit immer zarte Rüben geerntet werden können.
Als Rohsaft, der aber nicht gegen den Durst getrunken, sondern nur löffelweise genommen wird, möglichst gemischt mit Möhren- und Apfelsaft, ist die Rote Rübe überaus wertvoll. Rote Rüben sind ein altbewährtes Stärkungsmittel, besonders auch nach Krankheiten, sie sind Vorbeugungsmittel gegen Grippe, wirken hautverschönernd, was jede Frau leicht und rasch feststellen kann, und sie geben müden, blassen Kindern neue Frische.
Angerichtet werden Rote Rüben mit Zweijahreskräutern, also Koriander, Kümmel, auch Senfmehl und selbstverständlich Zwiebeln, aber nicht mit grünen Kräutern und als Salat niemals mit Öl: die glatte Fläche kann das Fett nicht aufnehmen.

Rote Rüben im Sommer als Gemüse

Kochen, unter klarem Wasser rasch die Haut abstreifen, etwas Fett zergehen lassen, kleingeschnittene Zwiebel hell dämpfen und darin die Rüben schwenken. Würzen, mit gemahlenem Kümmel und Koriander.

Kohl

Kohl ist die wichtigste aller Gemüsearten, obwohl er in so vielen Haushalten als billiges Grobgemüse verachtet ist. Vielen Gärtnern ist auch der Platz zu schade, um Kohl für das eigene Sauerkraut anzubauen. Aber gerade Kohl ist eine erstrangige Heilpflanze. Er ist ausgestattet mit vielen Vitaminen, enthält viel Kalk und reichlich Eisen, ist aber als Heilpflanze erst richtig wirksam, wenn er ohne jede Stickstoffüberdüngung wachsen konnte. Kohl aus dem eigenen Garten sollte auch zur eigenen Herstellung des Sauerkrautes verwendet werden. Es ist eine ideale Diät für Zuckerkranke, ist auch kalorienarm, wirkt darmreinigend und darmfloraregulierend, und der rohe Saft aus selbsteingemachtem Sauerkraut ist ein unzerstörtes Naturprodukt, ein wertvoller Heilsaft.
Zu Kohl jeder Art passen, je nach Zubereitungsart: Zwiebeln, Dillsamen, Kümmel, Äpfel, Wacholderbeeren und verschiedene Kräuter.

Blumenkohl

Abkochen, anrichten mit etwas frischer oder zerlassener Kräuterbutter oder etwas Brösel in Butter (Vollkornbrösel).

Kohlrabi

In Scheiben schneiden (ohne ganz durchzuschneiden), zwischen jede Scheibe etwas Kräuterbutter geben oder anstelle der Butter Zwiebel-Quark (siehe dort).

Weißkohl/Wirsing

Am feinsten: ganz kochen oder halbiert und in Scheiben geschnitten anrichten, siehe oben bei Kohlrabi.

Rotkohl

Etwas Öl, geschnittene Zwiebel, Apfelscheibchen, mitgehobelt, einschichten: Kohl, Apfelscheiben, Kümmel/Wacholder, dies wiederholen, wenig Salz, nach Belieben einen Eßlöffel Essig oder auch Wein. Vor dem Anrichten anstelle des sonst immer genannten Zuckers etwas zuckerlosen Himbeersaft oder auch einen Eßlöffel Johannisbeergelee, kein Mehl.

Bayrisch Kraut

Anstelle des hierzulande bekannten bayerischen Krautes, aus Weißkohl, das immer schwer wird durch die Einbrenne (Fett/Mehl), ähnlich wie Blaukraut kochen, nur ohne Saft oder Gelee, dafür etwas Wein.

Sauerkraut-Rezept

In etwas Öl Zwiebel andämpfen, bis das Aroma erschlossen ist, dazu das ungewaschene und unausgedrückte selbsteingemachte Sauerkraut, das die richtige Milchsäuregärung durchgemacht hat, sofort sprudelnd kochendes Wasser darübergießen, bis das Kraut bedeckt ist, kein Salz, obenauf Äpfel, Wacholderbeeren, Kümmel, nochmals Zwiebeln. Zugedeckt und ohne Rühren langsam etwa 1 Stunde kochen lassen. Zwischen Topf und Deckel Pergamentpapier spannen, nicht aufdecken. Wer ein wenig Sämigkeit liebt: zum Schluß eine kleine rohe Kartoffel darunter reiben, durchrühren.

Im übrigen: Mehrmals aufwärmen ist nur nach Wilhelm Buschs Witwe Bolte richtig.

Winterkohl

(Krauskohl oder Braunkohl)
Abkochen, groben Stil entfernen, reichlich Zwiebel weich dämpfen, nicht rösten, evtl. nur in etwas Gemüsebrühe weich dämpfen. In Streifen geschnitten den Winterkohl darauf legen, je nach Geschmack ein wenig Käse darauf reiben, etwas Sauermilch, zudecken, dämpfen lassen.

Kartoffeln

Kartoffelanbau im eigenen Garten oder auf einem kleineren Feldstück ist anzustreben. **Kartoffeln** sind nicht nur als Sättigungsspeise anzusehen, sondern als neutralisierendes, entwässerndes Gemüse, das keine Mangelerscheinungen auftreten läßt.
Kartoffeln sind besonders wertvoll bei Gicht, Rheuma, Skorbut, zur Entwässerung für Herzkranke. Der rohe Saft ärztlich empfohlen gegen zuviel Magensäure, ebenso werden heiße Kartoffeln zu Packungen (Halswickel) verordnet.
Kartoffeln, die in Verbindung mit heißem Fett zubereitet werden, sollte man meiden. Man meide auch hier die Verbindung von Fett und Mehl.
Wie vielseitig sie verwendbar sind, ist wohlbekannt, doch sei auch hier wieder darauf hingewiesen, daß sie in Form von Schal- oder Pellkartoffeln den besten Heilwert vermitteln. Da die meisten Inhaltsstoffe, die uns bekannt sind, beim Kochen erhalten bleiben, kann die Kartoffel unbedenklich in der Zubereitungsart variiert werden. Sie ist damit ein nicht hoch genug einzuschätzendes Gemüse für den täglichen Tisch. Wichtig ist auch ihr Gehalt an Mineralien – Eisen, Kalium, Kalk, Phosphor. Und wenn man noch bedenkt, daß jede Form der Kartoffelzubereitung Gelegenheit gibt, die verschiedensten Kräuter zu verwenden, so bleibt kein Wunsch offen, eine gesunde Ernährung zu verwirklichen.

Merke: Je mehr Veränderung, desto weniger gesundheitlicher Wert.

1. **Aus Schalkartoffeln**
   a) Kartoffelschnee ohne jede Zugabe und ohne Hantierung daran (Schneeberg);
   b) Kartoffelbrei (schlagen mit Milch und Butter);
   c) Kartoffelsalat (Öl erst beim Anrichten zugeben);
   d) Kartoffelklöße.
2. **Im Backofen mit der Schale gebacken,** wenn gar, auseinanderbrechen und bei Tisch aushöhlen.

3. **Im Backofen mit der Schale gebacken:** Rohe, ganz junge Kartoffel querschneiden, Schnittfläche in Salz und Kümmel tauchen, mit dieser auf ein Blech setzen, evtl. mit Öl bepinseln. Backen. Mit der Schale verzehren.
4. **Alle Kartoffelspeisen,** die auf der Grundlage der **roh geschälten Kartoffel** hergestellt werden sollen, wie folgt: Kartoffeln waschen, einige Minuten kochen, bis sich die Schale (Kartoffel in kaltes Wasser tauchen) abziehen läßt. Dabei behält sie einen rohen, weißen Kern, wird fertig gekocht und kann beliebig verwendet werden.

Als Beispiel Salzkartoffel, Rahmkartoffel. Diese **Rahmkartoffel** macht man wie folgt: Salzkartoffeln kochen – bis beinahe gar –, evtl. Wasserrest zu einer Suppe verwenden, etwas saure Sahne, die nicht fett sein muß, etwas frische Butter, des feinen Geschmacks wegen. Bei offenem Topf durchziehen lassen. Auf diese Weise sind Rahmkartoffeln eine bekömmliche, sättigende Speise, die hervorragend schmeckt.

Spinat, im Mischkulturengarten nicht nur für die Küche angebaut, sollte im Zusammenhang mit dieser kleinen Auswahl hier besprochener Gemüsearten nicht fehlen, weil sich an ihm besonders gut feststellen läßt, daß auch durch eine sogenannte biologische Düngung, d.h. eine Düngung mit natürlichen Mitteln, genauso gefährlich überdüngt werden kann wie mit Stickstoffsalzen. Hier wie dort macht's die »Dosis«. Ein Versuchsbeet, bewußt zu reichlich gedüngt mit einem organischen Düngemittel, gab große, dunkelgrüne Blätter, die auf dem Markt als schöne Ware bezeichnet worden wären. Eine Kochprobe von Spinat aus diesen überdüngten Reihen war ungenießbar.

Spinat, viele wertvolle, ja unentbehrliche Stoffe enthaltend, muß sorgfältig behandelt werden, und die Spinatreihen im Mischkulturengarten als Linienblatt zwischen den Kulturen werden niemals gedüngt.

Spinat aber ist für die Ernährung besonders wichtig: Er regt Leber, Galle und Verdauung an, ist blutbildend, enthält Vitamin A und ein weiteres halbes Dutzend Vitamine und viel Eisen. Als Kräuterergänzung gelten z.B. Scharbockskraut, Löwenzahn und ähnliches.

Spinat

Ist besonders gut als sogenannter Blattspinat, wieder mit Zwiebeln und Kräutern, mit Butter, roh oder gedämpft oder fein püriert, mit ganz wenig Bindemitteln, dafür aber mit Milch verfeinert.

Spinat, Brennessel, Sauerampfer

Einzeln oder gemischt mit dem letzten Ackersalat, dazu Knoblauch, Zwiebel, Essig und Öl.

Daß im Garten der **Sellerie** nicht fehlen darf, ist schon aus dem Mischkulturenkapitel zu sehen. Ebenso wichtig ist er zur Ernährung als ausgesprochene »Nervennahrung«. Er ist ein selten gutes Entwässerungsmittel und für kochsalzarme Diät unentbehrlich. Daß hier Knolle, Stiel und Blatt zu verwenden sind, ist besonders günstig. Dieselbe Wirkung hat das Heilkraut Schnittsellerie. Eine Mischung mit milden Gemüsearten empfiehlt sich, da der herbe Geschmack nicht immer geschätzt wird.

Sellerie

Außer zu der bekannten Suppenwürze meist leider nur als Salat verwendet (siehe dort). Man sollte sich auch mit in Öl gebackenen Selleriescheiben und gefüllten Sellerieknollen befreunden, damit diese Gemüseart mehr verwendet wird. (Gemüsebrühe siehe auch Seite 133.)

Besonders geeignet zum Mischen mit Sellerie ist **Pastinake,** auch die Zucchini und selbstverständlich die Kartoffel. Pastinake gilt wie Zucchini und Sellerie als Diät für Zuckerkranke. Besonders sei noch hingewiesen auf Salat aus gekochtem Sellerie mit Pastinaken – hier erhöhen noch Zwiebel, Ringelblumen-Blütenblätter und rohe Apfelscheiben den Gesundheitswert. Angemacht wird mit wenig

Oben: Bevor im Frühjahr die späteren Kulturen gesät oder gepflanzt werden, wird die Vorfrucht Senf abgehackt. Die Saatrille wird gezogen, eingesät und nach dem Zudecken mit Erde noch mit den Senfrückständen bedeckt. Spinat steht noch kurze Zeit zur Ernte bereit und dient als Trenn- und Schutzsaat. Das doppelte Etikett bedeutet: Nach Buschbohnen kommt eine zweite Kultur (Zuckerhut, Endivien ...).
Rechts: Altbewährte Mischkultur mit Erbsen in A-Reihe, aus erster Sä-Phase etwa März–April oder Markerbsen aus zweiter Sä-Phase etwa April–Mai. Daneben abgehackter Spinat als Bodendecke. In C-Reihen verschiedene Salate.

Essig, kaltgeschlagenem Öl und süßem Rahm. So ist das gekochte Gemüse durch rohe Beigaben aufgewertet.
In diesem Zusammenhang noch ein Wort zu den »gekochten Salaten«. Gekochte Gemüse als Salat angerichtet sind immer durch Heilkräuter aufzuwerten; vor allen Dingen auch reichlich Zwiebeln und Knoblauch. Sie sind dann nicht eine *ent*wertete Nahrung, sondern eine *auf*gewertete.

Bohnen – Busch- und Stangenbohnen – sollten hauptsächlich der reifen Kerne wegen angebaut werden; sie haben einen hohen Eiweißgehalt und sind wichtig für Entwässerung und dadurch für die Entlastung des Herzens. Bohnen als reife Kerne werden verwendet als Heilmittel bei Hautausschlägen; das Bohnenmehl ist ein Schönheitsmittel. Wichtig sind auch die getrockneten Schalen, also Bohnen zu Bohnenschalentee. Bohnenschalen sind außerdem ein entscheidender Anteil in der sogenannten »vegetarischen Brühe« – also einem Auszug aus den Gemüsen, die im Garten jeweils zu ernten sind, angereichert mit Kräutern, den genannten Bohnenschalen und auch Erbsenschalen.

Trockenbohnen

Bohnenkerne waschen, einweichen in reichlich kaltem Wasser, im Einweichwasser langsam weich kochen, in der letzten Kochzeit zu-

fügen: Zwiebel, Knoblauch, ganzen Kümmel, ganzen Wacholder, Petersilie, ein wenig Meerrettich (wenn vorhanden), Salbei und wenn möglich einige getrocknete Bohnenhülsen. Wenn gewünscht, etwas Fett zugeben, ist aber meist unnötig. Die Brühe wird abgeseiht, diese als Suppe mit oder ohne Einlage gegessen, die reifen Hülsen entfernt und alles miteinander durchpassiert. Ohne Bindemittel auftragen.
Linsen, die nicht in unseren Gärten wachsen, ebenso zubereiten.
Grüne Bohnen, gekocht, brauchen als Beigabe selbstverständlich Petersilie und Zwiebeln, aber auch Bohnenkraut, Löffelkraut und Sauerampfer. Bohnen als Trockenbohnen gekocht gelten als schwerverdaulich, werden aber zu leichtverdaulicher Speise, wenn man neben Zwiebeln und Bohnenkraut möglichst noch Knoblauch, Thymian, Salbei, Meerrettichwürfel, Wacholderbeeren, Estragon, Liebstöckel und Beifuß in Auswahl mitkocht.
Der Hausfrau muß es selbstverständlich überlassen bleiben, zu welchem Zeitpunkt sie diese Kräuter, die meist Zweijahreskräuter sind, vor dem Anrichten aus der Brühe nimmt.
Junge **grüne Erbsen** sind sehr fein, brauchen aber mehrere Kräuter zur Aufwertung: Löffelkraut, Sauerampfer, Petersilie und Zwiebeln. Wichtig ist auch, die grünen Hülsen zu trocknen und in vegetarischer Brühe oder Fleischbrühe mitzukochen, wie die Bohnenschalen – Seite 131.
Erbsen als Eiweißlieferant werden auch in reifem Zustand verwendet: gekocht mit den oben schon genannten Kräutern, wie Thymian, Salbei, Sellerie, Kümmel und Bohnenkraut (siehe Trockenbohnen).

Erbsen, frische

Immer nur abkochen und in gedämpfter Petersilie und Zwiebel schwenken.

Gemüsepaprika

Hat sehr hohen Vitamingehalt (C), gibt a) einen guten Salat (roh, in Scheiben), b) ein apartes Gemüse, gedämpft oder auch mit Reis gefüllt.
Paprika braucht zum Anbau noch mehr Wärme als Tomaten; er kommt meist aus dem Ausland zu uns.
Auch **Chicorée** kann aus dem Garten kommen. Man muß sich schon die Mühe machen, ihn auszuheben und mitsamt den Wurzeln in einem Erde- oder Sandtopf einzugraben und im Keller stehenzulassen. Er ergibt dafür wertvollen Wintersalat oder ebensolches Wintergemüse.

Chicorée

Als Gemüse, nur gedämpft, ohne viele Zutaten oder als Salat mit Joghurt-Soße (siehe dort) oder aber die Blätter ganz lassen (siehe Endivien und Zuckerhut) und mit Joghurt-Soße reichen.
In keinem Garten, und sei er auch noch so klein, sollten die **Zwiebeln** fehlen. Der Abschnitt »Zwiebelanbau« soll zeigen, wie man den vollen Haushaltsbedarf über das ganze Jahr decken kann. Zwiebeln sind in der Küche absolut unentbehrlich. Sie stärken die Magennerven, sind appetitanregend, entschlackend (wie Knoblauch) und wirken bei hohem Blutdruck günstig. Sie wirken auch bakterientötend. Sie desinfizieren, senken den Blutzucker und helfen bei Hautschäden, pflegen die Haare und sollten täglich und zu allen Mahlzeiten in irgendeiner Form verwendet werden.
Da die wertvollen Stoffe der Zwiebel hitzebeständig sind, müssen Zwiebeln also nicht, damit sie vollwertig wirken, nur roh gegessen werden. Gute Begleitkräuter – je nach Art und Form der Mahlzeit – sind Petersilie, Dill, Melisse, Salbei, auch Bohnenkraut und Ringelblume *(Calendula).*
Bei der richtigen Sortenwahl und verschiedenen Anbauzeiten ist ein haltbarer Wintervorrat garantiert. Die Haltbarkeit hängt von Anbau und Sortenwahl ab, auch davon, daß die Zwiebeln nie gegossen und auch niemals gedüngt werden. Aus vielerlei Gründen also ist es ratsam, im eigenen Garten Zwiebeln anzubauen, nicht nur als günstige Mischkulturpflanze.

Zwiebeln

Sind altbekannt zur Verwendung für alle Salate, auch zum Kochen. Nicht bekannt sind allermeist Zwiebelgemüse; besonders fein von Schalotten. Schälen, weich kochen. Mit dem Kochwasser eine ganz leichte Mehlschwitze herstellen, also mit wenig Mehl. Nach dem Ablöschen und vor dem Anrichten mit Rahm oder Milch oder einem Eigelb verfeinern. Zitronensaft zugeben und die Zwiebeln darin anrichten. Große Zwiebeln werden am besten zu Püree durchpassiert und dann noch ein wenig gedämpft.

Zwiebelquark

Quark und die gleiche Menge feinstgeschnittene Zwiebel, etwas Salz – aber sparsam –, Senfmehl, eine durchgepreßte Knoblauchzehe, dieses mit ein wenig Milch oder saurer Sahne rühren, aber dick lassen (soll nicht vom Löffel fließen).

Lauch (Porree)

Besonders gut: Helle Stangen abkochen (Brühe zur Suppe), mit Butterbrösel übergießen oder etwas Sauermilch und kurz in den Ofen zum Überbacken geben.

Gemüsebrühe und Suppen

Vielleicht wurde jetzt schon deutlich, daß von unserer Sicht aus nichts die Gartenerzeugnisse ersetzen kann und warum sie als Gesundheitsquelle dienen können. Ich halte sie für die unersetzliche Grundlage unserer Ernährung, und ich möchte noch ein Rezept nennen, das für uns und unsere Ernährung das wichtigste wurde: Das ist unsere sogenannte Gemüsebrühe.
Sie entzieht bei sorgfältiger Handhabung alles Wertvolle dem zugesetzten Gemüse und ist so ein Konzentrat von höchstem Wert und bestem Geschmack, das wir schon – ohne Fettzugabe – kleinen Kindern geben und als Arznei wirken lassen können. Sie hat nichts mehr gemein mit der sogenannten »vegetarischen Fleischbrühe«, die meist zu einer trüben und faden Suppe wurde. Sie kann den ganzen Sommer und Herbst über gemacht werden, je nach Winterlagerung auch im Winter, oder wird im Sommer eingedünstet und im Winter aufgewertet durch das, was noch im Garten oder Sandeinschlag oder Dörrsack vorhanden ist. Suppen werden ja oft abgelehnt, meist aus Schlankheitsgründen. Aber es ist nicht einzusehen, warum der Flüssigkeitsbedarf des Menschen nicht zum Teil mit einem kleinen Teller solch konzentrierter Brühe gedeckt werden sollte. Wer eine Einlage möchte, denke an Vollreis, Grünkern, Vollkorn-, Haferflocken, Gerste und ähnliches. Siehe auch Rezepte Seite 134.
Das viele Gemüse, das zur Brühe verwendet wird, sollte einem nicht leid tun. Der Rückstand kann, sofern sorgfältig gearbeitet wurde, als gekochtes Gemüse gegessen oder als Gemüsepüree abgedämpft werden. Den Hauptwert aller Gemüse aber genießen wir in der Brühe.

Gemüsebrühe

Sofern nicht für ganz kleine Kinder bestimmt: etwas Fett, darin – ohne Farbe zu geben – leicht andämpfen: 2 ganze Zwiebeln grob geschnitten, 1 ganze Sellerie in 2 Teilen, 2–3 Stangen Lauch je einmal durchgeschnitten, reichlich Sellerieblatt, 4–6 Gelbe Rüben, 3 Petersilienwurzeln, Petersiliengrün, 3–4 Tomaten, $^1/_2$ Blumenkohl oder den hellen, weichen Strunk und saubere Blätter, einen Weißkohl in Viertel geschnitten, 1 Kohlrabi halbiert, einige Bohnen, einige Erbsen mit Schoten, eine Handvoll getrocknete Erbsenschoten (siehe Wintervorrat), eine Handvoll getrocknete Bohnenschoten (Wintervorrat), 1–2 Blatt Liebstöckel, etwas Basilikum, ein wenig Salz, welches auch wegbleiben kann.
Das Ganze – also alles Gemüse –, das selbstverständlich einen großen Topf benötigt, mit Wasser auffüllen (Fett darf nicht zischen), ohne Rühren auf kleiner Flamme langsam leicht kochen lassen, damit die Brühe ganz klar bleibt. Das Gemüse soll weich werden, aber nicht zerfallen, und die Brühe etwas einkochen.

Hier wurde im Spätherbst in den gelockerten, welligen, nicht abgeharkten Boden Senf breitwürfig eingesät. Er überwintert, friert ab minus 7 Grad C ab und hinterläßt einen lockeren Boden. Siehe auch Fotos Seite 26/27.

Einige Suppen

Eiergerstensuppe von Vollkornbrot und Gemüsebrühe

25 g Butter leicht rühren, schwach 100 g Brösel von altem Vollkornbrot reiben, zur Butter geben, 2 Eier dazu, mit Gemüsebrühe flüssig machen, einlaufen lassen und aufkochen.

Kräutercremesuppe

Kräuter (s. ab S. 83) fein gewiegt in beliebigem Fett andämpfen, ablöschen mit Gemüsebrühe, durchkochen lassen, zum Schluß die Suppe legieren mit etwas saurem Rahm, 1 Eigelb (nicht mehr aufkochen).

Grünkern-Klöße

Aufgelöste Hefe und 1–2 Eier mit Grünkernmehl mischen, gehen lassen, mit dem Kaffeelöffel Häufchen auf gebuttertes Blech setzen und bei schwacher Hitze im Ofen backen.

Wenn wir nun einmal zurückblättern und nachlesen, was über den Wert der einzelnen Gemüse gesagt ist, wird man finden, daß man auf diesem Weg – dem Weg über die Gemüsebrühe – leicht und ohne Schwierigkeiten zu einem Ziel kommen kann. Was genannt wurde an gekochtem Gemüse und auch was nicht aufgezählt wurde – also Schwarzwurzel, Spargel usw. bis hin zu Trockenbohnen und Linsen –, all dieses gekochte Gemüse kann auch in Form von Salaten gegeben werden. Dabei kann der gesundheitliche Wert sogar noch gesteigert werden, weil sich ja hier direkt anbietet, das Gekochte mit rohen Zutaten aufzuwerten, also mit rohen Zwiebeln und mit allen Kräutern (siehe dort).

Joghurt-Salatsoße

Eine besonders feine Salatsoße, die zu gekochten und auch rohen Salaten verwendet werden kann.
1 Joghurt, eine feingeschnittene Zwiebel, wenig Salz, 2 Kaffeelöffel voll Senf, 1 Eßlöffel voll Essig, 2–3 Eßlöffel Öl, etwas saure Sahne, 1 Eßlöffel Tomatensenf (siehe dort), 1 Prise Senfmehl, 1–2 Eßlöffel Johannisbeergelee, aber keine Kräuter.

Erdbeeren und einige weitere Obstarten

Erdbeeren (als rohe Kost zu betrachten) sind – nach Kneipp – ein gutes Wurmmittel; sie enthalten organische Säuren und sind bei Konservierung nicht ohne Zucker zu genießen. Deshalb sollten sie soviel wie möglich roh verzehrt werden. Das gilt für Kinder wie auch für Erwachsene und besonders diejenigen, die wegen Übergewicht den Genuß von Erdbeeren besonders nötig haben. Die Beeren wirken entschlackend, sind gut für Leber und Galle, harntreibend und kalorienarm.
Ein Apfelbaum oder ein Birnbaum wird irgendwo im Garten stehen, ebenso ein Pflaumenbaum oder – noch viel besser – ein Zwetschgenbaum. Während bei **Zwetschgen** die abführenden Stoffe – und dies ist der Hauptvorteil dieses Obstes – auch in gekochtem Zustand erhalten bleiben, wirken **Birnen,** roh, entwässernd und helfen zu einer gewünschten Gewichtsabnahme. Das sogenannte »Zwetschgengsälz« kann löffelweise gegeben werden.

Zwetschgengsälz, das nicht anbrennt

Rezept I: 6 Pfd. Zwetschgen entsteint und 1 Pfd. Zucker über Nacht **im** Kochtopf kaltstellen, anderntags **ohne zu rühren** auf schwachem Feuer kochen lassen (Zwetschgen kochen im eigenen Saft). Vom Feuer nehmen und $^1/_4$ Stunde gut rühren. Dann möglichst in Töpfe füllen, die in den Backofen gestellt werden können, so lange bis eine lederartige Haut entsteht.

Frische Brennessel dient als Unterlage zur Erhaltung von Qualität und Frische bei vorübergehender Lagerung von Obst.

Rezept II: 2 Pfd. Herbstzwetschgen und $^3/_4$ Pfd. Zucker. Man mache einen sog. »Krumpelzucker« (also Zucker trocken in den Topf). Rühren, bis er sich ballt und einen leichten Anflug von Farbe bekommt (auf keinen Fall braun).
Zwetschgen dazugeben und rühren, bis sich der Zucker aufgelöst hat. $^1/_2$ Stunde kochen lassen, vom Feuer nehmen, $^1/_4$ Stunde rühren.
Ebenso können Pfirsiche, Mirabellen, Reineclauden und Aprikosen zu Marmelade gekocht werden (nach Rezept II).

Der **Apfel** ist unentbehrlich. Er hat einen hohen Vitamin-C-Gehalt, wirkt vorbeugend gegen Arterienverkalkung, senkt den Cholesteringehalt des Blutes, und der Gerbstoffgehalt wirkt entzündungshemmend. Der Apfel ist eine klassische Frucht der guten Küche. Er entlastet Herz und Kreislauf und enthält alle

wichtigen Mineralstoffe und Spurenelemente. Er ist ungemein vielseitig verwendbar für die so oft notwendige Nahrungsergänzung.
Der Apfel müßte zu einer Ausgleichskost werden, bei manchen Fleischgerichten, auch schwereren Speisen, zum Beispiel zu Blaukraut, zu Sauerkraut, mitverwendet in Selleriesalat, damit er beliebter auf dem Tisch wird. Viele Variationen und Zusammenstellungen sind möglich. Es muß also nicht die Südfrucht sein, die wir nie frisch und praktisch nicht unbehandelt bekommen können und die als appetitanregende Vorspeise gedacht ist. Der heimische Apfel, dessen Herkunft wir kennen und von dem wir wissen, was er mitbringen kann, ist eine viel bessere Ausgleichsfrucht als alles, was wir einführen können.
Im Garten sollten neben einem Kern- oder Steinobstbaum auch Beerenobstarten stehen: **Himbeeren** als alte Arzneipflanze mit den reichsten Gehaltsstoffen und **Stachelbeeren,** die als Hilfsmittel für schwache Nerven gelten und bei Blutarmut helfen.
Außerdem sollten **Rote und Schwarze Johannisbeeren** mit dem hohen Vitamin-A- und Vitamin-C-Gehalt im Garten stehen, die – besonders die Schwarzen – unsere Widerstandskraft stärken können. Und wenn am Zaun noch eine **Brombeere** Platz findet, hat der Gärtner eine Frucht mit höchstem Vitamin-C-Gehalt.
Winterobst ergänzt all unsere Säfte, unsere Gelees und das »Gsälz« (Marmeladen) und Kompotte. Wie sollte man auch in einer kinderreichen Familie ohne sie auskommen? Und uns Großen bekommen sie ebenso gut. Wenn immer wieder betont wird, Zucker tunlichst zu meiden, so gilt das nur eingeschränkt, wenn er in Verbindung mit natürlichem Fruchtzucker verwendet wird. In diesem Fall wirkt er nicht schädlich und macht im Winter manche Beeren erst genießbar.
Bei den Rezepten, die alle bekannt sind, sollte man aber doch wegkommen von dem Verhältnis Pfund/Pfund und weniger Zucker und eine kürzere Kochzeit nehmen. Wer Sorge hat wegen der Haltbarkeit, fülle das Kochgut in Eindünstgläser und sterilisiere noch 10 Min. bei 70 Grad. Dies ist aber unmöglich bei Gelee. Ein wenig bekanntes Geleerezept steht anschließend.

Himbeer-Träuble-Gelee

Rezept: 4½ Pfd. Johannisbeeren unabgezupft waschen, nicht lange abtropfen lassen und in einen Topf geben, dann kochen bis sie geplatzt sind. 1 Pfd. Himbeeren roh auf ein Haarsieb mit größerem Durchmesser (etwa 30 cm) geben, darüber die kochenden Johannisbeeren schütten (evtl. auf 2 Rührlöffel stellen). Während die Beeren ablaufen, wobei man nicht viel nachhelfen sollte, 3 Pfd. Zucker in ⅜ l Wasser läutern (bis zu Faden kochen), den abgelaufenen Saft zu der kochenden Lösung geben und sofort 4–5 Min. rühren, aber nicht mehr auf dem Feuer. Gleich einfüllen.

Auf drei Wildfrüchte, die auch in unseren Gärten wachsen, möchte ich noch hinweisen: die äußerst wertvollen **Schlehen,** den **Holunder** und die **Hagebutte.** Hagebutten haben hohen Vitamin-C-Gehalt und sind deshalb schonend zuzubereiten.

Holundersaft

Dampfentsaften: Auf 10 Pfd. werden 200 g Zucker gegeben. Flaschen sofort (kochend) verschließen. Saft heiß trinken bei schweren Erkältungen!

Schlehensaft

Rezept: Schlehen mit kochendem Wasser übergießen, 1 Tag stehenlassen, dann den tiefroten Saft abgießen. Je mehr Schlehen desto besser. Auf 1 l Saft ½ Pfd. Zucker und beides unter Abschäumen einige Minuten kochen. Kochend in heiße Flaschen füllen, sofort verkorken. Sehr gut als Beigabe zu Brei und Aufläufen, in Mischung, zu rohem Sauerkrautsalat, als Getränk (verdünnen mit Mineralwasser).

Hagebuttenmark

Rezept I: 1 l ausgekernte Hagebutten, 1/8 l Wein oder Wasser, 6–8 Tage zugedeckt in den Keller stellen, gelegentlich umrühren, durchpassieren. Auf 1 Pfd. Mark 3/4 Pfd. Zucker, fertigkochen.
Rezept II: Wie oben. Für 1 Pfund dickes Mark wird in 1/8 l Wasser 1 Pfd. Zucker geläutert. Mark dazu, nur bis zum Kochen kommen lassen, in Schüssel rühren bis erkaltet. Wenn das Mark dünn, 1 Pfd. Mark und 1 Pfd. gestoßenen Zucker bis zum Kochen bringen, dann ebenfalls kalt rühren.

Alle Beerenfrüchte sind nicht nur eine willkommene Bereicherung des Familienspeisezettels, sondern der Genuß vermittelt auch wertvolle Inhaltsstoffe.

Fleischgerichte – immer mit Kräutern

Wenn irgendwo, dann ist es beim Fleisch unbedingt notwendig, Kräuter zu verwenden. Es wird immer ergänzt durch wertvolle, erfrischende und gesunde Dinge. Zu Fleischspeisen gehören immer Gemüse, Salate und, wie gesagt, Kräuter! Zu Fleischspeisen gehören in vielen Haushalten auch immer Kartoffeln und Vollkornbrot.
Bei allem Fleisch gilt: ältere, also ausgewachsene Tiere sind besser als junge. Hammel und Wild sind sehr bekömmlich, ebenso mageres Geflügel. Innereien sind leichter bekömmlich als Fleisch. Fische haben ein besonders leicht verdauliches Eiweiß. Aber ob Fleisch, Fisch oder Innereien: wir sollten mehr davon aus dem Sud essen. Fische jedoch nur ziehen, nicht kochen lassen und nach Belieben ein wenig Essig oder Wein.

Sud

Entweder auf der Grundlage der Gemüsebrühe oder extra zugesetzt wie sonst zu Fisch üblich: Wasser, etwas Salz, Gelbe Rüben, Lauch, Zwiebel, Knoblauch, 1 Nelke, 1 Lorbeerblatt, einige Pfeffer- und Wacholderbeeren, etwas Kümmel und ein wenig Anis.
Dazu im Sommer einige Dill-, Petersilie- und Basilikumblätter. Dies läßt man kochen und dann mit den Innereien zugesetzt langsam weiterkochen.

Braten

Braten wird aufgesetzt mit reichlich Zwiebeln, Gelben Rüben, Knoblauch, Tomaten, dazu auch Basilikum, Thymian, Beifuß, Salbei, evtl. Majoran und Ysop, auch Bohnenkraut. Eine gute Köchin wird mit den Kräutern abwechseln. Das Fett beim Aufsetzen kann meistens gespart werden, ein wenig Wasser genügt – außer bei Kalbfleisch und Wild.
Besonders empfehlenswert ist Fleisch in der »Poulet-Form« (handelsüblich). Hier wird das Fleisch nur gewürzt aufgesetzt, ohne Wasser, aber mit Zwiebeln und reichlich Kräutern. Bei dieser Zubereitungsform können dann, besonders für Diätzwecke, Fleischsaft und Fett zurückgelassen werden.

Geschnetzeltes vom Kalb

Kalbfleisch in feine Scheibchen schneiden, etwas Öl in die Pfanne, reichlich Zwiebeln, beides hell andämpfen, Fleisch dazu, immerzu wenden, saure Sahne zugeben, langsam fertig werden lassen, auf Salz abschmecken, etwas geriebenen Käse untermischen.

Sauerbraten

Er wird wie üblich eingelegt in Wasser, Essig, Salz, dazu aber ein Sellerieblatt, eine halbe Sellerie in Scheiben, 4 halbe Tomaten (diese auch getrocknet), 2 ganze Zwiebeln in Vierteln, 2 Gelbe Rüben, einige Zehen Knoblauch, 1 Blatt Liebstöckel, 1 Zweig Bohnenkraut, 1 Zweig Thymian. Fleisch nach einigen Tagen mit den Zwiebeln zusetzen und schmoren. Nach der halben Bratzeit alle Kräuter zu-

geben und mitbraten. Wenn Fleisch gar, herausnehmen.
Ablöschen mit etwas Beize und Wasser. Einrühren: 1 Eßlöffel Mehl verrühren mit reichlich saurer Sahne, dieses noch einige Zeit mitkochen lassen, abschmecken, durchseihen und Fleisch in Soße heiß halten. Soße ist zum Schluß würzig, nicht scharf und in der Farbe sahnig gelb.

Schnitzel, Rostbraten, Beefsteak

Wenn irgend möglich unter dem Grill (Pfanne unterschieben) oder in Alu-Folie zubereiten. Das Fleisch mit Öl einpinseln, nach Fertigstellung salzen und würzen.
Das Fleischfett tropft ab und muß nicht mitgegessen werden. »Wiener Art«, also Panade, ist in keinem Fall zu empfehlen. Wenn kein Grill vorhanden: Fleisch in wenig Fett in der Stilpfanne rasch fertig machen, oder ein Kalbssteak in gefettetes Pergamentpapier einschlagen und im Ofen garen.
Angerichtet werden sollen alle diese guten sogenannten »kurzen« Stücke mit gedämpften, aber nicht gebräunten Zwiebeln, die zwar sehr beliebt sind, aber durch das heiße Fett sehr unbekömmlich werden und keinerlei gesundheitlichen Wert mehr haben. Neben den Zwiebeln gehören je nach Fleischart dazu: Salbeiblätter, Tomaten, Thymian, auch frischgeriebener Meerrettich und obenauf abwechselnd Knoblauchbutter, frische Kräuterbutter oder Zwiebelquark.

Diverse Fleisch- und Fischgerichte

Leider wird die so hervorragende Ergänzung aller Fleischspeisen durch unseren Apfel zu wenig ausgenützt. Der Apfel ist die alte »klassische« Ergänzung des Fleisches. Äpfel gebraten, ganz, gebraten als Scheiben, auch nur gedämpft oder geschmort, als Beigabe zu vielerlei. Leicht können wir dabei verzichten auf die gedankenlose Art, wie sie heute geübt wird in der Verwendung von Dosenobst.

Leber Tiroler Art

Leber in Streifen oder kleine Würfel schneiden, ½ Apfel in Scheibchen, Zwiebel schneiden, Basilikum, Salbei feinschneiden. Zuerst Zwiebel andämpfen, wenn sie Farbe annehmen wollen die Kräuter hinzu, dann die Äpfel und zuletzt die Leber unter Umwenden rasch fertigmachen. Salzen.

Fleischreste als Salat

Fleischreste – magere – sind sehr delikat als Salat angemacht. Fleisch in feine Scheibchen schneiden, Salz, Pfeffer, ½ Teel. Senf, reichlich geschnittene Zwiebel, Messerspitze Senfmehl, Öl wie zu grünem Salat, Knoblauch. Diese Salatsoße gut verrühren, dazu noch etwas Joghurt oder Sauermilch, damit sich der Salat gut mischen läßt. Nach Möglichkeit etwas feingeschnittene Äpfel darunter.

Fischspeise

Zwiebelscheiben, Scheiben von Gelben Rüben, feine Selleriescheiben in etwas Gemüsebrühe oder Wasser halbweich dämpfen lassen. In ofenfeste Form eine Lage Gemüse geben, dazu ein wenig Bohnenkraut, Thymian und Tomatenscheiben, dann eine Lage gesalzenen, gepfefferten, mit Essig beträufelten Fisch, wieder eine Lage Gemüse oder Kräuter. Die oberste Fischlage mit Senf bestreichen sowie mit Tomatenmark oder Tomatensenf (eigene Herstellung, siehe S. 139), einige Löffel Joghurt, saure Sahne oder Sauermilch, einige Butterflöckchen obenauf. In den heißen Ofen schieben und bald abschalten.

Soßen

Quarksoße zu kaltem Fleisch oder harten Eiern

Quark schlagen mit Gewürzen wie bei »Zwiebelquark«, S. 133, dazu Schnittlauch, feingewiegte Spinatblätter, Kerbel, Boretsch, Petersilie, Essig. Zum Quark reichlich Öl dazugeben.

»Grüne Soße« zu Fleisch und Kartoffeln

4 harte Eidotter durchpassieren, mit Salz, Essig, Pfeffer und Öl glattrühren, dazu wenig Knoblauch, aber reichlich Kräuter: Schnittlauch, Boretsch, Dill, Basilikum, Estragon, Pimpernell, Sauerampfer, Melisse, alles mit Joghurt oder eigener saurer Sahne zu einer dickflüssigen Soße rühren. Anstelle von Sahne kann etwas Quark genommen werden.

Wenig bekannt ist, daß aus bestimmten Kräutern und Gemüsen, hier aber mit etwas reichlich Fett zugesetzt, damit Röststoffe entstehen können, eine »vegetarische Bratensoße« gemacht werden kann. Sie hilft der Hausfrau oft, wenn sie einen großen Tisch zu versorgen hat und einen Garten besitzt, aus dem sie die Zutaten holen kann.

Vegetarische Bratensoße

Alles grob schneiden, also wiederum Gelbe Rüben, Tomaten, reichlich Zwiebeln; Bratenkräuter ebenfalls grob schneiden, im Fett langsam dunkelgelb bis hellbraun rösten. Wenn gewünscht, ein wenig Mehl kurz und leicht mitrösten, mit Wasser bedecken und ganz langsam nur »leise« und ohne Deckel kochen lassen. Die Soße soll in diesem Fall mit einer leichten Fettschicht überzogen sein, unter welcher es leicht kochen soll. Würzig abschmecken. Sehr gut kann hier auch eigenes Tomatenmark oder Tomatensenf verwendet werden.

Vorsorge für den Winter

Es ist besser, wir sorgen für die wenigen Wintermonate schon im Laufe des Gartenjahres. Es schließt ja nie ganz ab. Auch im Schnee steht noch der Rosenkohl, der Winterkohl, der Lauch, der Ackersalat, einige Kräuter, auch Zuckerhut und vielleicht auch Winterspinat. Wie aber schaffen wir uns eine vollwertige Ernährung in unserem Sinne für den Winter?

Einkochen

Wir beginnen unsere Vorsorge schon früh in der Zeit der ersten Erbsenernte, deren Schoten wir trocknen (siehe Erbsen, getrocknet, siehe Gemüsebrühe). Alles nun, was von den frühen Sorten, die sowieso die Eigenschaft haben, bald überständig zu werden, zu platzen usw., nicht aufgegessen werden kann, wird gleich am besten als Fertiggericht eingemacht oder eingefroren, je nach Wunsch. Es entsteht also schon vom ersten aufspringenden Weißkraut das erste Sauerkraut. Die Roten Rüben werden ganz oder als Salat eingedünstet, Kohlrabi gekocht, in Scheiben geschnitten und eingefroren, Karotten gedünstet, Spinat eingefroren usw. Obwohl wir wissen, daß alles Frischgeerntete wertvoller ist, so müssen wir doch im Sommer, wenn von allem zuviel vorhanden ist, zum Einmachen übergehen und uns merken: Alles, was doch gekocht werden muß, kann jetzt schon eingekocht werden. Das gilt auch von dem ganz frühen, nicht haltbaren Klarapfel, von dem meist zuviel auf einmal da ist und der ein herrliches Kompott ergibt (mit Zitronensaft anrichten).
Alles andere aber, auch gesunde und saubere Abfälle, Außenblätter usw., kann zur Brühe gekocht (siehe S. 133) und diese eingedünstet werden.
Zwiebeln, Knoblauch und Schalotten sind geerntet, getrocknet, gebündelt, und die Spätsommer- und Herbsternte bringt noch die letzten Tomaten, die – künstlich gereift – wenig wertvoll sind. Besser ist Kochen und Eindünsten von Tomatenmark, Eindünsten von Tomatenscheiben und ganzen Tomaten und Einfrieren der halbierten roten Frucht. Für viele Zwecke verwendbar sind im Winter die jetzt getrockneten, halbierten Tomaten.

Tomatensenf

10 Pfd. in Stücke geschnittene Tomaten, ½ l Weinessig, 10 gestr. Eßl. Salz, 6 Eßl. Zucker, 5 g ganzen Ingwer, 6 Nelken, 6 Lorbeer, 12 zerschnittene Zwiebeln, 1 Messerspitze Paprika, dazu eine Tasse Senfkörner, jeweils

einen größeren Zweig Thymian, Basilikum, Estragon, Bohnenkraut, wenn vorhanden: 1 Paprika. Im eigenen Saft weich kochen, durchpassieren, dick einkochen auf kleiner Flamme. Hält sich in kleinen Steinguttöpfen; kann auch eingedünstet werden und ist hervorragend zur Verbesserung und Bereicherung beim Kochen, aber auch als Beigabe zu kaltem Fleisch oder verschiedenen Salaten.

Überwinterung

Spätere Sorten von Gelben und Roten Rüben, die Sellerie, von der das Blatt getrocknet wird, Winterrettiche werden am besten im Sand überwintert, und zwar in der Menge, die man etwa zur Frischkost und zu Gemüsesäften benötigt. Alles andere wird auf andere Weise haltbar gemacht. Sollten einige Blumenkohle noch im Garten stehen, die nur einen Blumenansatz haben, dann werden sie mit Strunk und Wurzel herausgenommen und in einem Gefäß, das halbvoll mit feuchtem Sand im Keller steht, eingegraben mit Wurzel und einem Stück Strunk. Auf diese Weise ergibt er mit Sicherheit fertigen Blumenkohl.

Einsäuern

Sehr früh schon im Sommer haben wir für die Vitaminquelle für den Winter zu sorgen in Form von milchsaurem Gemüse, also dem schon genannten **Sauerkraut** und dann den **Gurken,** ebenfalls auf Milchsäurebasis (Salzgurken, **Kräutergurken**). Das Einlegen dieser Gurken verteilt sich auf den ganzen Sommer. In dieser Reihenfolge werden sie dann auch genießbar, und die letzten halten bis zum Frühjahr. Beide Gemüse sind beste Vitaminträger und im Winter unentbehrlich. Die Gurken können zu vielen Mahlzeiten auf den Tisch kommen, das Sauerkraut gekocht oder auch roh oder angemacht. Zubereitung siehe Rezept Kräutergurken. Dazu benötigen wir, und das sollte für uns aufschlußreich sein, wieder dieselben Zutaten, die uns schon beim Kochen als besonders gesundheitsfördernd, bakterientötend, desinfizierend oder mit besonderem Heilwert ausgestattet, begegneten.

Kräutergurken

Man nehme einen Steinzeugtopf, bedecke den Boden mit Blättern von Schwarzen Johannisbeeren, dann folgt eine Lage Gurken, 10–12 cm lang und grün, sauber gebürstet und einige Stunden im klaren Wasser gewässert. Auf die Lage Gurken kommt eine Lage verschiedenster Kräuter und weiterhin Pfefferkörner, 1–2 Nelken, 1 Lorbeerblatt, reichlich Dillblüten, Estragon, Pimpernell, Bohnenkraut, Salbei, Basilikum, Thymian, 1 Handvoll Schalotten, Meerrettich, einige Knoblauchzehen, 1 kleine Sellerie in Scheiben, 1 Eßl. Senfkörner. So fortfahren bis der Topf voll ist. Obenauf Johannisbeerblätter. Übergießen mit gekochter und wieder erkalteter Lösung von 2 l Wasser, ½ l Weinessig und 80 g Salz.

Sauerkraut ohne Salzzugabe

Großen Steinzeugtopfboden bedecken mit sauberen Kohlblättern, dann das gehobelte Kraut sehr gut einstampfen, Lage um Lage, zuletzt mit Krautblättern abdecken und mit üblichem Stein beschweren, übergießen am gleichen Tag mit abgekochtem Wasser, das wieder auf 42 Grad Celsius abgekühlt wurde. Das Wasser muß das Ganze bedecken. Am anderen Tag sofort nachsehen und wenn nötig nachfüllen. Nach der Gärung, die eine reine Milchsäuregärung ist: mit Leinentuch anstelle des Krautblattes bedecken und beschweren. Sauerkraut ist als ein reines Milchsäureprodukt empfindlich, deshalb sind die Güte des Topfes und die Verwendung eines reinen Leinentuches entscheidend. Saft muß immer über dem Kraut stehen; es soll möglichst wenig Luft an das Kraut kommen. Also guten Deckel und sauber abdecken mit Tuch, das über den ganzen Topf gelegt wird. Auch bei normalen Steinzeugtöpfen ist es nicht nötig, so oft abzuwaschen, wie immer gefordert wird. Im übrigen: Holen wir fast täglich rohen

Sauerkrautsaft oder Sauerkraut zu Salaten oder zum Kochen, so muß nie unnötig abgewaschen werden. Dieses bewährte Rezept hatte stets Weißkohl zur Grundlage, der nicht überdüngt war.

Einwintern von Wurzeln

Das Einwintern von Wurzeln ist viel schwieriger. Es war ohne jedes Problem, als jedes Haus noch einen guten Keller hatte. Wer einen solchen hat, schichte seine Wurzeln jeder Art auf, nachdem sie im Garten gut abgetrocknet sind; am besten in Sand. Man kann eine Kiste dazu verwenden, der Kellerboden ist aber besser. Kommt diese Methode nicht in Frage, gibt es zwei Möglichkeiten:

a) Die Wurzeln in alte Steinzeugtöpfe tun – ebenfalls aber sehr gut abgetrocknet und abgerieben (mit der Hand). Den Topf mit viel Zeitungspapier (nicht mit Folie) zubinden. Ganz unten kann Fäulnis entstehen; trotzdem ist es aber noch eine brauchbare Aufbewahrung.
b) Die Wurzeln können in Beuteln aufbewahrt werden (in denselben, die man für die Tiefkühltruhe benutzt). Hier muß jedoch sehr langsam und sorgfältig gearbeitet werden. Nur ganz einwandfreie Wurzeln nehmen. *Sellerie* darf vorher keinen Frost bekommen haben. Gelbe Rüben sollten glatt und rechtzeitig geerntet sein.

Bei der Ernte läßt man alles zuerst auf dem Beet abtrocknen. Dann wird das Blatt abgedreht. Die Wurzeln werden in den Raum gebracht, in dem sie überwintern sollen, also in den Keller. Nach einiger Zeit Wurzeln säubern (ohne Bürste), in Beutel füllen und offen stehenlassen. Nach Temperaturausgleich Beutel schließen, mit Nadel einige Löcher stupfen. Dasselbe wiederholen, wenn sich innen ein feuchter Niederschlag zeigt. 100prozentig ist keine Methode, besonders weil die verschiedenen Wurzelgemüse auch unterschiedliche Haltbarkeit haben (Rote Rüben sind ganz ohne Problem) und verschieden reagieren; aber einen Weg werden wir finden, um für Säfte und Rohkost genügend Vorrat zu haben.

Manche empfehlen das Einfrieren der Kräuter, auch geben alte Rezepte das Mischen mit Salz an. Letzteres entfällt auf alle Fälle – Kochsalz bekommen wir mehr als genug und wollen es bestimmt nicht auch noch mit den Kräutern zusammen haben. Beim Einfrieren, das zwar gut geht, bleibt die Frage, ob eingefrorenes Petersilienkraut z.B. mit seinem veränderten Geschmack noch befriedigen kann. Besser ist Eintopfen von **Petersilie** in dem sog. »Petersilientopf«, der lange am Küchenfenster stehen und auch noch im Nachwinter frisch eingepflanzt wird, weil Petersilie ja noch aus dem Garten geholt werden kann, wenn es schneit. Sie bleibt darunter erhalten.

Schnittlauch kann ebenfalls im Herbst eingesetzt und laufend in die Küche zum Treiben geholt werden. Vor dem Eintopfen zum Treiben muß Schnittlauch *Frost* bekommen haben! Manchmal bekommt ein solcher Topf Läuse, da er ja unter anormalen Bedingungen treiben soll. Da hilft nur: ins Freie stellen und eventuell neu pflanzen.

Trocknen

Das Trocknen, früher eine bekannte Art der Haltbarmachung, hat sicher seine Nachteile (Verlust der Vitamine u.ä.). Aber Trockenware hält sich gut und ist auch in diesem Zustand noch sehr nützlich. Man sollte im Schatten trocknen, sofern das überhaupt noch möglich ist (Dachboden u.ä.). Man kann auf sog. »Darren« auf und in dem Herd trocknen. Man kann auch auf dem modernen Ölfeuerungsofen obenauf sehr schön und langsam trocknen. Ausprobiert sind alle Kräuter, Selleriescheiben und -blatt, halbierte Tomaten (auf Kuchengitter legen!), Erbsen- und Bohnenschoten, entsteinte Zwetschgen und halbierte Birnen. Aufbewahrt werden sollte alles Trockengemüse in Säckchen (möglichst aus Leinen), die luftig aufgehängt werden.

Alle hier aufgezeigten Hinweise umfassen nur die unentbehrlichen Gartenprodukte und sind nur Beispiele für deren zweckmäßige Verwendung.

Sach- und Pflanzenregister

Fettgedruckte Ziffern verweisen auf ausführliche Behandlung im Text.
Kursivgedruckte Ziffern verweisen auf Abbildungen.

Gartenplan

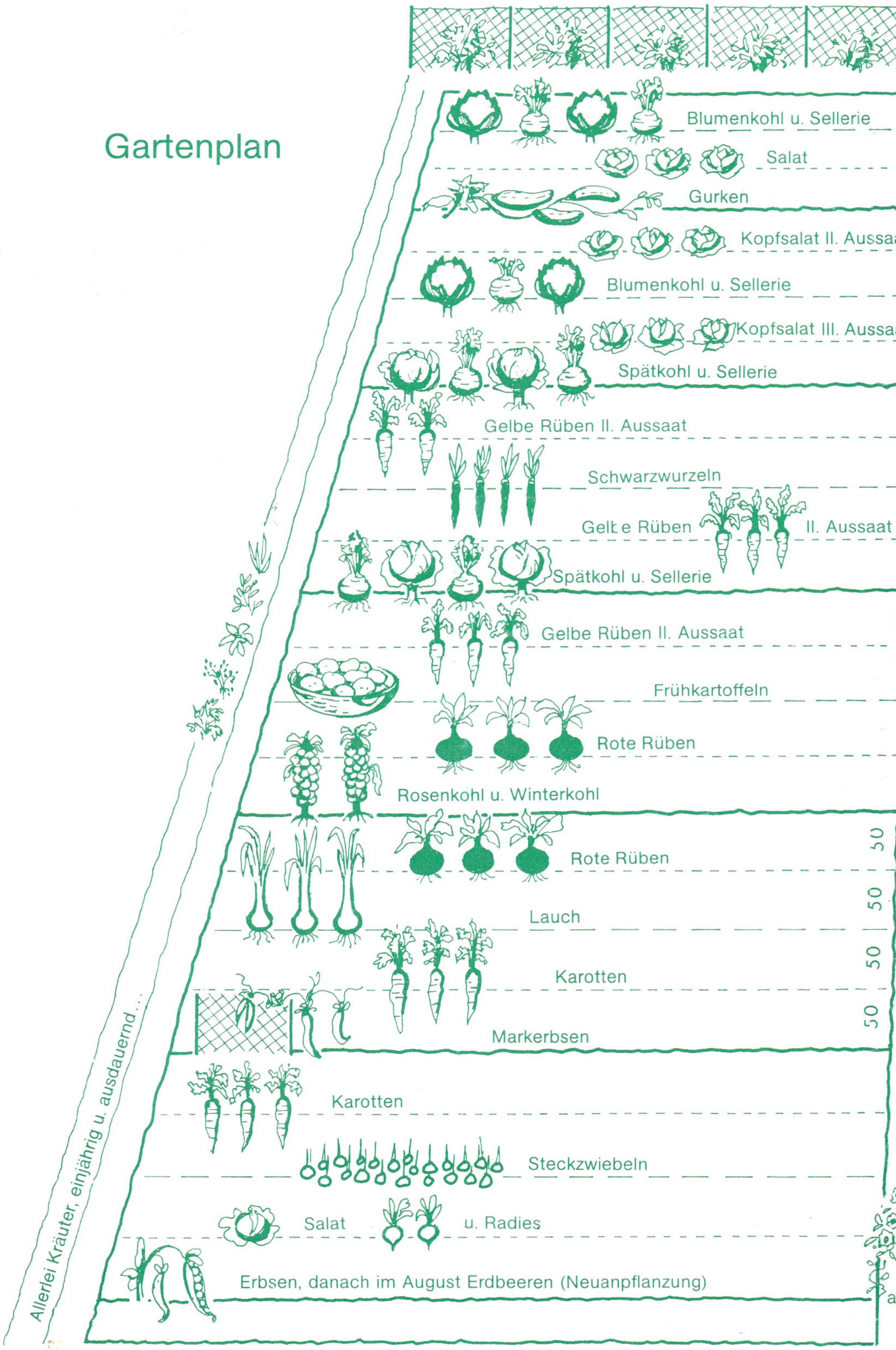
Blumenkohl u. Sellerie
Salat
Gurken
Kopfsalat II. Aussa
Blumenkohl u. Sellerie
Kopfsalat III. Aussa
Spätkohl u. Sellerie
Gelbe Rüben II. Aussaat
Schwarzwurzeln
Gelbe Rüben
II. Aussaat
Spätkohl u. Sellerie
Gelbe Rüben II. Aussaat
Frühkartoffeln
Rote Rüben
Rosenkohl u. Winterkohl
Rote Rüben
Lauch
Karotten
Markerbsen
50
50
50
50
Karotten
Steckzwiebeln
Salat
u. Radies
Erbsen, danach im August Erdbeeren (Neuanpflanzung)
Allerlei Kräuter, einjährig u. ausdauernd ...
a